AF608816

Streitbeilegung und Streitvermeidung im Zivilrecht – Schriftenreihe des Munich Center for Dispute Resolution

herausgegeben von Beate Gsell und Wolfgang Hau

Band 1

Beate Gsell | Wolfgang Hau (Hrsg.)

Rechtsmittel im Zivilprozess – Hommage an Bruno Rimmelspacher

Nomos

Die Deutsche Nationalbibliothek verzeichnet diese Publikation in der Deutschen Nationalbibliografie; detaillierte bibliografische Daten sind im Internet über http://dnb.d-nb.de abrufbar.

ISBN 978-3-8487-5946-0 (Print)
ISBN 978-3-7489-0076-4 (ePDF)

1. Auflage 2019
© Nomos Verlagsgesellschaft, Baden-Baden 2019. Gedruckt in Deutschland. Alle Rechte, auch die des Nachdrucks von Auszügen, der fotomechanischen Wiedergabe und der Übersetzung, vorbehalten. Gedruckt auf alterungsbeständigem Papier.

Vorwort

Quis custodiet ipsos custodes? – Die klassische Frage, wer denn eigentlich über die Wächter wacht, lässt sich im Rechtsstaat dahin erweitern, inwieweit eine Kontrolle der untergerichtlichen Rechtsprechung geboten oder gar unabdingbar erscheint, umgekehrt aber auch, inwieweit sie womöglich unzweckmäßig und der Rechtspflege letztlich eher abträglich sein kann. Damit wird das Rechtsmittelrecht zu einem Schlüsselthema des Verfahrensrechts, auch und gerade im Hinblick auf den Zivilprozess. Was also lag näher, als dieses Thema aus verschiedenen Perspektiven zu beleuchten, um damit einen der Granden unserer Disziplin zu ehren: Herrn Kollegen Bruno Rimmelspacher, der das geltende Rechtsmittelrecht mit grundlegenden Beiträgen maßgeblich beeinflusst und über Jahrzehnte kritisch begleitet hat. Die Laudatio und die Aufsätze, die in diesem Band versammelt sind, wurden am 25. Oktober 2018 auf dem Symposium anlässlich des 80. Geburtstags von Bruno Rimmelspacher an der Ludwig-Maximilians-Universität München vorgetragen.
Unser herzlicher Dank gilt allen, die zum Gelingen des Symposiums und dieses Buchs beigetragen haben, vor allem natürlich der Autorin und den Autoren. Wir freuen uns sehr, dass gerade dieser Band die neue Schriftenreihe des Munich Center for Dispute Resolution zur „Streitbeilegung und Streitvermeidung im Zivilrecht“ eröffnet.

München im Juni 2019

Beate Gsell
Wolfgang Hau

Inhalt

Laudatio für Professor Bruno Rimmelspacher

Ulrich Spellenberg

Der Jubilar wurde 1966 nach seinem, dem Vernehmen nach ausgezeichneten, Assessorexamen Assistent von Wolfram Henckel in Göttingen. Er war schon 1964 von Henckel in Göttingen promoviert worden mit der Arbeit „Zur Prüfung von Amts wegen im Zivilprozess" (erschienen 1966), und 1968/69 habilitierte er sich über das Thema „Materiellrechtlicher Anspruch und Streitgegenstandsprobleme im Zivilprozess" (erschienen 1970). Zum Sommersemester 1969 wurde er an die damals neue Fakultät in Bielefeld berufen und 1973 an die Universität München.

1. Die Amtsprüfung war ein großer literarischer Erfolg; ein Rezensent hat begeistert gemeint, es handle sich um „eine der bedeutendsten zivilprozessualen Monographien nach dem Kriege".[1] Sie behandelt die eigentlich naheliegende Frage, warum es für den Prozesserfolg nicht genügt, wenn der Anspruch materiell besteht. Die Antwort ist weniger banal und findet sich schon in der frühen Geschichte, auf die Rimmelspacher immer wieder gerne zurückgeht. Nach der Abschaffung der Fehde durch die Landfriedensordnungen des 14. Jahrhunderts musste die Obrigkeit als alleiniger Inhaber des Gewaltmonopols den Berechtigten ihren Arm leihen, um den Rechtsfrieden gegen die Selbsthilfe zu wahren. Dem entsprechend sei auch heute Gerichtsschutz einem bestehenden materiellen Recht nur zu gewähren, soweit andernfalls der Rechtsfriede gefährdet würde, und er dürfe nur auf solchen Wegen zuerkannt werden, die nicht ihrerseits selbst den Rechtsfrieden in Frage stellen (S. 75, 134 ff.). Dem wird man ohne Weiteres zustimmen, und für die Antwort auf die Frage, wie die ZPO das sichert, geht er auf die Anfänge bei Adolf Wach und Oskar Bülow zurück, als noch der gemeine Prozess galt, der den Prozess in zwei Teilen abwickelte, einem Vorprozess zur Prüfung der Prozessvoraussetzungen und dem Hauptverfahren, in dem dann die Begründetheit der Klage zu prüfen war. Das ist heute nicht mehr so, und es ist eine interessante Frage, ob die Erinnerung daran noch heute im Bereich der sog. Prozessvoraussetzungen fortwirkt (S. 119 f., 139 f.). Jedenfalls findet Rimmelspacher die Grundlagen seiner Theorie schon bei ihnen. Deren Unterschied zu den materiellen Be-

1 *Grunsky* ZZP 80 (1967), 55 ff.

gründetheitsvoraussetzungen liegt wegen dieses öffentlichen Zweckes konsequenterweise in der Prüfung von Amts wegen, der zufolge die Parteien nicht über die entscheidungserheblichen Tatsachen für die Prozessvoraussetzungen durch Nichtbestreiten, Geständnis oder Säumnis verfügen können. Das ist allerdings nicht auf Prozessvoraussetzungen im engeren Sinne beschränkt, wie etwa die Ehescheidung (heute § 127 FamFG) zeigt. Der Unterschied liegt im Zweck der Regelungen (S. 145 ff.).

Die detaillierte und mit akribischer Genauigkeit durchgeführte Analyse der einzelnen Prozessvoraussetzungen in Rechtsprechung und Lehre kommt zum Ergebnis, dass materielle Anspruchsvoraussetzungen und Prozessvoraussetzungen abgesehen von der Amtsprüfung gleichrangig zu prüfen sind (S. 112 ff.). Auf dem Wege dahin fallen, ohne viel Aufhebens zu machen, viele lieb gewordene und übliche Ansichten dahin, wie dass Prozessvoraussetzungen als erstes zu prüfen seien und dass die Klage nicht als unbegründet abgewiesen werden dürfe, wenn sie auch unzulässig ist, weil die Rechtskraft eines abweisenden Prozessurteils von anderer Qualität sei, oder die Theorie von den doppelrelevanten Tatsachen (S. 160–163).

2. a) Vier Jahre später folgte die Habilitation mit der Arbeit zu „Materiellrechtlicher Anspruch und Streitgegenstandsprobleme im Zivilprozess" (erschienen 1970). Friedrich Weber (Habilitationsvater von Wolfram Henckel) hatte zwar noch 1995 gemeint, „eigentlich" habe die lebhafte Streitgegenstandsdiskussion mit dem Werk von Henckel über „Parteilehre und Streitgegenstand im Zivilprozess" 1961 ihren Abschluss gefunden, doch hat nicht nur der Jubilar sie im Jahre 1970 mit seiner Schrift wieder aufgenommen, sondern im selben Jahr hat sie auch Henckel selbst und unabhängig davon mit „Prozessrecht und materielles Recht" weitergeführt. Freilich war nach diesem Doppelschlag für 40 Jahre an der Rechtskraftfront ziemliche Ruhe.[2] Ich will hier nun nicht die Unterschiede der beiden Werke aufzeigen, sondern nur die Grundlinien der Habilitationsschrift unseres Jubilars erwähnen.

b) Es geht vor allem um die Grenzen der materiellen Rechtskraft. Herkömmlich soll sie einen erneuten Rechtsstreit bei Identität der Streitgegenstände ebenso ausschließen wie den um das kontradiktorische Gegenteil, während bei Präjudizialität eine Bindung des zweiten Richters an das Vorerkenntnis angenommen wird. Dem Autor geht es zunächst nur um die Sperrwirkung der materiellen Rechtskraft. Was mit dem Kriterium der Identität und einer Umkehrung des kontradiktorischen Gegenteils im Konkreten gemeint ist, ist bekanntermaßen so streitig, dass Albrecht Zeu-

2 Bis *Althammer*, Rechtskraft und Interesse (2012).

ner diese beiden Kriterien durch die „Rechtskraft im Rahmen rechtlicher Sinnzusammenhänge“ ersetzen wollte. Rimmelspacher folgt ihm nicht, zum einen, weil das Kriterium des rechtlichen Sinnzusammenhanges auch nur schwer zu handhaben ist (S. 193 f.), zum andern und vor allem, weil der rechtliche Sinnzusammenhang im Erstverfahren kaum Gegenstand der Diskussion zwischen den Parteien ist oder sein kann, denn die materielle Rechtskraft dürfe immer nur so weit reichen, wie die Parteien Anlass hatten, darüber zu streiten (S. 185).

Er folgt Zeuner aber darin, dass das materielle Recht eine entscheidende Stelle bei dem Problem der Rechtskraft einnehme, das mit dem einheitlichen prozessualen Streitgegenstandsbegriff nicht zu bewältigen sei, sondern dass man des Problems nur Herr werden könne, wenn man genauer bestimmt, was im ersten Urteil entschieden wurde und im Folgeprozess entschieden werden soll. Die erste Weichenstellung ist darum, dass der in § 322 Abs. 1 ZPO als Gegenstand der Rechtskraft genannte „Anspruch“ der materielle des § 194 BGB ist. Damit wird die – herrschende – Lehre, die einen einheitlichen prozessualen Streit- bzw. Urteilsgegenstand annimmt, der aus dem Prozessantrag und dem dafür vorgebrachten Lebenssachverhalt bestehe und für alle Zwecke oder in der Regel tauge, verworfen. Rimmelspacher schließt sich vielmehr den Lehren an, die auch die materiellrechtliche Begründung der Klageansprüche zur Identifikation und Abgrenzung heranziehen wollen. Dabei geht es ihm nicht primär um eine neue Theorie der materiellen Rechtskraft, sondern um eine genauere Analyse dessen, was im Erstprozess entschieden wird (S. 175 f., 202 ff.), in der Hoffnung, damit zu einer Verständigung in der Rechtskraftproblematik zu kommen. Es behandelt im Wesentlichen nur die Leistungsklage und will dabei die Lehre Zeuners nur weiterentwickeln.

c) Dazu wird als erstes der so monolithisch daherkommende „Anspruch“ in § 194 Abs. 1 BGB in zwei Bestandteile zerlegt: einerseits die Rechtsposition, die der Partei zugeordnet wird und auch als eine Art Anwartschaft auf einen Vermögenswert gesehen werden kann, aber keinen Forderungsinhalt hat, und andererseits die Rechtsbehelfe bzw. Schutzansprüche zu ihrer Durchsetzung und Verteidigung. § 194 Abs. 1 BGB meint vor allem Letzteres mit dem Recht, ein Tun oder Unterlassen, die Leistung, außergerichtlich und gerichtlich zu verlangen (S. 168), es also einzuklagen und ggf. auch im Wege der Zwangsvollstreckung durchzusetzen.

Diese Unterscheidung wird eingehend und an vielen Beispielen erörtert und zeigt, dass der „Anspruch“ im BGB ein recht vielfältiges Gebilde ist. Wieder geht Rimmelspacher auf die Anfänge bei Otto Bähr, Adolf Wach und vor allem Bernhard Windscheid zurück, der den Anspruch aus den Fesseln des römischen Actionendenkens befreit hatte, und zeigt seine wechselvolle Geschichte auf. Der erste Teil des Werkes ist der eingehenden Analyse des Verhältnisses von Rechtsposition und ihren verschiedenen Schutzansprüchen gewidmet, im zweiten werden dann die Folgerungen daraus für die negative und die positive Rechtskraft, die Sperrwirkung und die Bindung bei Präjudizialität gezogen.

d) Die Rechtsposition, die als solche nur Gegenstand der Zuordnung als berechtigtes Haben und einer Verfügung und daher allein allenfalls Gegenstand einer Feststellungsklage sein kann, tritt in einer Leistungsklage immer zusammen mit einem oder mehreren Schutzansprüchen auf. Ein stattgebendes Urteil muss die Rechtsposition und das geltend gemachte Schutzrecht bejahen; für ein abweisendes Urteil genügt es, wenn eines von beiden verneint wird. Und so ist die Frage, ob beide bei einem zusprechenden Urteil rechtskräftig feststehen oder bei Klagabweisung rechtskräftig verneint sind. Denn wenn auch Rechtsposition und Schutzanspruch gemeinsam auftreten, so erlaubt ihre dogmatische Trennung doch die Bindungswirkung wie die Sperrwirkung der materiellen Rechtskraft getrennt und genauer zu bewerten, ohne dabei zu vernachlässigen, dass beide durch den Schutzzweck aufeinander bezogen sind.

Die Frage wird an vielen Beispielen eingehend und umfassend erörtert, wobei entscheidet, was im Ersturteil wirklich entschieden ist. Dabei geht es nicht vordringlich um eine Rechtskraft der Gründe, sondern um die Feststellung des Gegenstandes von Klage und Urteil. Dieser wird vom Sachvortrag des Klägers, nicht auch des Beklagten, bestimmt, der das Gericht zu rechtlicher Subsumtion und Bewertung verpflichtet. Dabei bezeichnen die Rechtsposition und der geltend gemachte Schutzanspruch den maximalen Umfang der Rechtskraft für einen Folgeprozess, doch kann und muss er eingeschränkt werden danach, was im ersten Prozess tatsächlich entschieden wurde und was nicht. Die Unterscheidung der einen und selben Rechtsposition und der verschiedenen geltend gemachten und nicht geltend gemachten Schutzansprüche ermöglicht Rimmelspacher eine differenzierte Bemessung der Rechtskraft.

Die erfolgreiche Klage aus § 985 BGB auf Herausgabe der Sache wirkt z.B. Rechtskraft für eine Gegenklage auf Herausgabe des vorherigen Beklagten, nicht aber auch für Nutzungs- und Schadensersatzansprüche für die Zeit vor dem Schluss der Verhandlung im Erstprozess, denn es handele sich dabei um andere, verselbständigte Rechtspositionen. Entsprechendes gelte für die Rückzahlung eines Kredits und die Zinsen für die Zeit vor und nach dem Urteil. Für die späteren Zinsansprüche komme es auf die Gründe des klageabweisenden Urteils an: Hat es die Rechtsposition verneint, dann sei auch kein Raum mehr für eine Klage auf zukünftige Zinsen. War die Klage auf Rückzahlung abgewiesen worden, so sei aber über die Rechtsposition der rückständigen Zinsen nicht entschieden und die Klage auf diese Zinsen nicht präjudiziert (S. 215 ff.).

Wird eine quantitativ teilbare Rechtsposition nur teilweise mit dem Schutzanspruch zur Entscheidung gestellt, hat das Urteil auch nur den Teil der Rechtsposition zum Gegenstand im Sinne des § 322 Abs. 1 ZPO. Ist in zwei aufeinander folgenden Urteilen dieselbe Rechtsposition eingeklagt, aber mit verschiedenen Schutzansprüchen, dann wirkt die Rechtskraft nur, soweit dieselben Tatsachen im Erstprozess zu prüfen waren (S. 259 f., 262).

Hat der Kläger zunächst erfolgreich Wiederherstellung in Natur nach § 249 Abs. 1 BGB verlangt und klagt er dann auf Geldersatz, so kann der Beklagte in dem Folgeprozess nicht mehr bestreiten, dass dem Kläger die betreffende Rechtsposition zusteht (S. 270). Verliert der Geschädigte den ersten Prozess, dann verlange die Gleichbehandlung bei den Chancen, dass er auch für eine Klage auf Schadensersatz in Geld seine Rechtsposition verloren hat (S. 271). Ein beliebtes Beispiel und Gegenstand vieler Erörterung ist der Kaufpreisanspruch und der dafür begebene Wechsel (S. 272 ff.). Der Gläubiger muss nicht beide gleichzeitig geltend machen. Hier bewährt sich die genaue Analyse und Unterscheidung von Rechtsposition und Schutzansprüchen, wobei Rimmelspacher den Unterschied in der Beweislast für die Rechtsposition hervorhebt. Hat der Verkäufer im Forderungsprozess verloren, weil er seine Rechtsposition nicht nachweisen konnte, so entfaltet das Urteil im folgenden Wechselprozess keine Rechtskraft, denn hier müsste der Wechselschuldner die Einrede der fehlenden Kausalforderung beweisen. Ist ihm dieser Beweis im umgekehrten Fall, dass er zuerst aus dem Wechsel verklagt wird, nicht gelungen, so wirke das Urteil ebenfalls keine Rechtskraft im folgenden Forderungsprozess. Hat der Gläubiger dagegen zuerst mit der Kausalforderung obsiegt, so wirke die Rechtskraft auch in einem folgenden Wechselprozess, weil für diesen feststeht, dass die Kausalforderung besteht und ihr Fehlen also nicht eingewandt werden kann. Ebenso kann die Klage aus der Forderung nicht erneuert werden, wenn der Gläubiger mit der Wechselklage unterlegen ist, weil der Beklagte nachgewiesen hat, dass die Kausalforderung nicht besteht oder dem Kläger nicht zusteht. In beiden Situationen stehe die Entscheidung über die Rechtsposition fest.

Der Ansatz muss sich auch für die positive Rechtskraft, die Präjudizialbindung, bewähren. Diese ist anzunehmen im Hinblick auf dieselbe Rechtsposition „bezüglich all der Elemente, die im Erstprozess anhand solcher Tatbestandsmerkmale geprüft wurden, von deren Vorhandensein oder Fehlen auch im Zweitverfahren der Bestand des fraglichen Elements abhängt“ (S. 258). Voraussetzungsgemäß ist die Rechtsposition dabei dieselbe, die Schutzansprüche oder auch die Schutzmittelart sind aber verschieden. Soweit die Schutzansprüche tatbestandsmäßig – teilweise – übereinstimmen, besteht eine Bindung des Zweitrichters. Rimmelspacher nennt als Beispiel den Fall, dass der Beklagte im ersten Prozess erfolglos mit einer Gegenforderung aufrechnet, weil diese nicht bestehe. Dann könne er sie auch nicht mehr selbstständig einklagen. Anders wäre es aber, wenn nur die Aufrechnungsbefugnis z.B. nach § 393 BGB verneint worden wäre. Ein Beispiel auch hierfür sei die Klage auf Naturalwiederherstellung nach § 249 Abs. 1 BGB und eine nachfolgende Klage auf Geldersatz nach § 249 Abs. 2 BGB. Hat der Kläger mit der ersten Klage obsiegt, so könne der Beklagte im folgenden Prozess nur noch die besonderen Voraussetzungen des Geldersatzes bestreiten, die übrigen Voraussetzungen der Rechtsposition und der Schadensersatzpflicht stehen fest. Wenn der Kläger aber den ersten Prozess verliere, der Anspruch auf Schadensersatz in Natur nicht bestehe, dann müsse wegen der Gleichbehandlung der Parteien seine Rechtsposition auch für die Klage auf Geldersatz bindend verneint sein.

Es gelten im Übrigen die üblichen Voraussetzungen für die Rechtskraftbindung. Bei Identität von Rechtsposition und Schutzanspruch ist die zweite Klage unstreitig unzulässig. Desgleichen beim echten kontradiktorischen Gegenteil, doch ist die Frage schwieriger beim unechten Gegenteil: K hat erfolgreich von B die Herausgabe nach § 985 BGB verlangt. Wenn nun B anschließend von K dieselbe Sache mit § 985 herausklagt, so lautet das kontradiktorische Gegenteil des ersten Urteils nur, dass K nicht Eigentümer ist bzw. den Anspruch nicht hat. Ob nämlich gerade B der Eigentümer ist, wäre mit der Verneinung des Eigentums des K noch nicht gesagt. Da jedoch materiellrechtlich der behauptete Anspruch des B auf der Verneinung des Eigentums von K aufbaut, könne man insoweit hier eine Rechtskraftbindung zumindest wegen Präjudizialität annehmen (S. 181 f.).

Drei Voraussetzungen einer Bindung sind dabei zuvor hervorzuheben: Was zur richterlichen Kognition gestellt wird, entscheiden natürlich die Parteien, vor allem der Kläger. Das geschieht nicht durch Nennung eines Paragraphen, sondern dadurch, dass die Parteien Tatsachen vortragen, die Anlass zu einer rechtlichen Prüfung durch den Richter geben; notfalls muss er nach § 139 ZPO auf Ergänzung hinwirken. Die materielle Rechtskraft bindet stets nur für den Zeitpunkt der letzten mündlichen Verhandlung, und die Bindungswirkung der Entscheidung tritt vor allem nur soweit ein, als die Parteien Gelegenheit oder Anlass hatten, sich dazu zu äußern. Die Vermeidung überraschender Rechtskraftbindung ist Rimmelspacher besonders wichtig (S. 185 ff.).

Schwieriger ist das Kriterium der Vorhersehbarkeit allgemein bei Präjudizialität, weil die Verknüpfung des jetzigen Streitgegenstandes mit den verschiedenen anderen Rechtsfolgen und auch mit den weiteren Schutzansprüchen nicht immer vorhersehbar ist. Rimmelspacher erwägt die Präjudizialitätsbindung nur, aber immerhin, wenn die jetzt ausgeurteilte Rechtsfolge Bedingung für die weitere, präjudizierte Rechtsfolge ist (S. 180). Das Bedingungsverhältnis müssten die Parteien aber im Erstprozess vorhersehen können.

3. Nachdem der Jubilar so die theoretischen Grundlagen des Zivilprozessrechts weitgehend und auf durchaus neuen Wegen abgeschritten hat, konnte er sich dem, wenn man so sagen darf, mehr praktischen Rechtsmittelrecht widmen, vor allem in Festschriftbeiträgen. Vielleicht war besonders wichtig sein Referat auf der Zivilprozessrechtslehrertagung 1994 und sein Redebeitrag auf dem Deutschen Juristentag 1996 zur Reform des Rechtsmittelrechts, welches eine Rolle gespielt zu haben scheint für den ihm 1997 erteilten Auftrag der Bundesregierung zu „einer rechtstatsächlichen Untersuchung“ über „Funktion und Ausgestaltung des Berufungsverfahrens“. Da sie nicht auf der Grundlage der Zählkarten durchführbar war, sind jeweils gut 1000 landgerichtliche und oberlandesgerichtliche Akten ausgewertet und statistisch bearbeitet worden, und das in erstaunlich kurzer Zeit. Das Ergebnis war 1999 eine äußerst detaillierte und umfassende Studie (veröffentlicht 2000). Die detaillierten Erkenntnisse sind dann 1999 in der Bund-Länder-Arbeitsgruppe „Rechtsmittel in zivilrechtlichen Verfahren“, die Rimmelspacher beraten hat, verwertet worden, was dann 2000 zu einem Gesetzentwurf geführt hat. So kann man ihn als einen der Väter des heutigen Rechtsmittelrechts bezeichnen.

4. Im materiellen Recht ist vor allem sein „Kreditsicherungsrecht“ zu nennen, das 1987 in zweiter Auflage erschienen ist und heute von Michael Stürner betreut wird. Rimmelspacher lehrt auch noch immer vor allem einen Examensvorbereitungskurs im Zivilprozessrecht, bei dem er höchst fortschrittlich seit langem einen Videorecorder einsetzt.

5. Diese Laudatio wäre unvollständig, wenn sie die kommunalpolitische Aktivität des Jubilars nicht erwähnte. Sie ist wohl genetisch bedingt, wie ich aus eher beiläufigen Bemerkungen entnahm, war schon der Vater Bürgermeister von Ettlingen. Als der Jubilar 1973 nach München zog, hat er ganz gezielt und anders als die Zuzügler üblicherweise, die den Süden und Westen Münchens vorziehen, sich das nördliche Umland angeschaut und das gefestigte und überschaubare Ismaning gewählt. Dort wurde er 1978 zum ersten Mal in den Gemeinderat gewählt und war von 1984 bis 1990 stellvertretender Bürgermeister. Als solcher hat er sich große Verdienste um die Untertunnelung der S-Bahn in Ismaning erworben, und, wie er wieder sehr beiläufig erzählte, das Amt nach Vollendung des Werkes niedergelegt. Er ist aber noch immer im Gemeinderat und Mitglied zweier Ausschüsse.

Ob ihm die Verdienste um den Tunnelbau oder um die Reform des Rechtsmittelrechts oder beides das Bundesverdienstkreuz eingebracht haben, hat auch das Internet nicht verraten. Ihm ist aber zu entnehmen, dass Rimmelspacher – erstaunlicherweise – seit langem auch im Vorstand der Musikschule Ismaning wirkt. Bei dieser Aktivität können wir wohl hoffen, dass er uns noch viele Jahre erhalten bleiben wird: ad multos annos, Herr Rimmelspacher!

Zur Überwindung gesetzgeberischer Modellvorstellungen im zivilprozessualen Berufungsrecht durch das bessere Argument der höchstrichterlichen Rechtsprechung*

Herbert Roth

I. *Rechtspolitischer Ausgangspunkt*

Bruno Rimmelspacher hat im Vorfeld der Zivilprozessreform 2002 im Auftrag des Bundesjustizministeriums eine rechtstatsächliche Untersuchung zu „Funktion und Ausgestaltung des Berufungsverfahrens im Zivilprozeß“[1] durchgeführt, die auf einer Erhebung von rund 2000 Akten land- und oberlandesgerichtlicher Berufungsverfahren im Jahre 1998 beruhte.[2] Er wurde daher ganz zu Recht als „spiritus rector“ der Reform bezeichnet.[3] *Rimmelspacher* ist rechtspolitisch für die Ausgestaltung der Berufung als Instrument der Fehlerkontrolle und Fehlerkorrektur mit Bindung des Berufungsgerichts an die verfahrensfehlerfreien Tatsachenfeststellungen der ersten Instanz unter Beschränkung auf die von der Partei gerügten Verfahrensmängel eingetreten.[4] Zudem sollte die sogenannte „Feststellungsrüge“ mit ihrem Einwand ausgeschlossen werden, das angefochtene Urteil beruhe auf unzutreffenden Feststellungen zum Sachverhalt, weil das Eingangsgericht - unabhängig von einem Verfahrensfehler - zu einer anderen Überzeugung von der Richtigkeit oder Unrichtigkeit einer Tatsachenbehauptung hätte kommen müssen.[5] Mein Beitrag skizziert und bewertet - mit der im Wortlaut des Themas angedeuteten Tendenz - den Kampf zwischen Gesetzgeber und Bundesgerichtshof um den „richtigen“ Berufungstypus.

---

* Der Beitrag ist auch abgedruckt in JZ 2019, 115-121.

1 Unter diesem Titel *Rimmelspacher*, 2002, insbesondere S. 185 ff.; zu einer Verstärkung des Kontrollcharakters auch früher schon *Gilles*, Ziviljustiz und Rechtsmittelproblematik, 1992, S. 200 ff. m. w. N.

2 Darstellung der Ergebnisse durch *Holger Schwarz*, Die reformierte Berufung im Spannungsfeld zwischen Tatsachen- und Revisionsinstanz, 2008, S. 160 ff.

3 *Andreas Baumann*, Prüfungsumfang und Prüfungsprogramm im Berufungsverfahren nach der Zivilprozessreform 2002, 2006, S. 205.

4 Diese These hat *Rimmelspacher* bereits im Jahre 1994 vor der Zivilprozessrechtslehrertagung in Salzburg nachdrücklich vertreten: ZZP 107 (1994), 421, 453 f.

5 *Rimmelspacher* (Fn. 1), S. 55, 190.

II. Funktionswandel der Berufung

1. Annäherung an die Revision

Für das Massengeschäft der Berufung haben die Gesetzesväter der CPO von 1879 die zugrunde liegende Modellvorstellung des Gesetzgebers unmissverständlich formuliert: „Das Berufungsrecht ist nicht, wie die gemeinrechtliche Befugnis der Appelation, ein Recht auf Kritik des Verfahrens erster Instanz oder auf Nachprüfung und Berichtigung des untergerichtlichen Urteils vom Gesichtspunkte der Frage aus, ob gerecht geurteilt, d.h. das dem Unterrichter vorgelegte Material richtig gewürdigt sei, vielmehr das Recht auf Gewährung eines neuen Judizium, auf Erneuerung und Wiederholung des Rechtsstreits vor einem anderen Richter".[6] Der darauf gründende § 487 CPO galt als § 525 ZPO bis Ende 2001 fort.

Mit dem im Wesentlichen am 1.1.2002 in Kraft getretenen Zivilprozessreformgesetz (ZPO-RG) hat der Gesetzgeber in verschiedenen Bemerkungen[7] nicht weniger als einen Funktionswechsel der Berufung angestrebt, weil das alte Modell zu einer Fehlsteuerung führe.[8] Mit den neuen §§ 513, 529 ZPO sollte das Berufungsrecht jetzt vornehmlich der Fehlerkontrolle und Fehlerbeseitigung dienen und sich damit der Revision annähern. Mit der grundsätzlichen Bindung an die Tatsachenfeststellungen im erstinstanzlichen Urteil sollte eine drastische Reduzierung des Prüfungsumfangs in der Berufungsinstanz einhergehen.[9] Für den Regelfall sei die Tatsachenfeststellung Angelegenheit der ersten Instanz.[10] Der Sache nach bedeutete das eine Wiederannäherung an die gemeinrechtliche Appelation.[11]

---

6 Begründung des Entwurfs, in: *Hahn*, Die Gesamten Materialien zu den Reichs-Justizgesetzen, Bd. 2, Abteilung 1, 2. Aufl. 1881, Neudruck 1983, S. 139, 355; *Heiderhoff* JZ 2003, 490 hebt mit Recht die bewusste Entscheidung des Gesetzgebers mit einer eher schnellen ersten Instanz, aber mit einer darauf folgenden vollen zweiten Tatsacheninstanz, hervor.

7 Zur Gesetzgebungsgeschichte unten IV 1c.

8 Regierungsbegründung, BT-Drs. 14/4722 = Zivilprozessreform 2002, zusammengestellt und eingeleitet von *Rimmelspacher*, 2002, S. 108; *Murray/Stürner*, German Civil Justice, 2004, S. 367 ff.; *Althammer*, Die Zukunft des Rechtsmittelsystems, in: *Bruns/Münch/Stadler* (Hrsg.), Die Zukunft des Zivilprozesses, 2014, S. 87, 90 ff.; von einem Paradigmenwechsel spricht *Eckardt*, in: Gedächtnisschrift für Konuralp, 2009, Bd. 1, S. 195, 201; zur Gesetzgebungsgeschichte auch ausführlich *Hannich/Meyer-Seitz/Engers*, ZPO-Reform. Einführung - Texte - Materialien, 2002, S. 39 ff.

9 Regierungsbegründung in: *Rimmelspacher* (Fn. 8), S. 115, 180.

10 Betont auch durch *BGH* NJW 2010, 376 Rn. 8.

11 *Braun*, Lehrbuch des Zivilprozeßrechts, 2014, S. 995.

2. *Reformgemäße Entwicklung*

Diesem „Modellwechsel" wird in einer im Jahre 2006 vorgelegten verdienstvollen rechtstatsächlichen Evaluation bescheinigt, dass seine Ausformung im Wesentlichen geglückt sei: Die Berufungsgerichte nähmen ihre „neue Rolle als Instanz der Fehlerkontrolle" an, das „Zusammenspiel zwischen erster Instanz und Berufung entwickle sich reformgemäß und bedürfe keiner gesetzgeberischer Korrekturen".[12] Demgegenüber hat *Reinhard Greger* unlängst nüchtern konstatiert, dass die Neujustierung des Berufungsrechts als gescheitert anzusehen sei:[13]

Nach wie vor werden nämlich bei etwa gleichgebliebener Berufungsquote seit der Reform von den berufungsfähigen amtsgerichtlichen Urteilen fast unverändert etwa jedes Dritte und mehr als die Hälfte der landgerichtlichen Urteile mit der Berufung angefochten.[14] Die Akzeptanz der angeblich gestärkten ersten Instanz ist also nicht erhöht worden. Auch der durch die Restriktionen der angestrebten Fehlerkontrolle zu erwartende Rückgang erfolgreicher Berufungen ist nicht eingetreten. Vor der Reform waren rund 42 % der zum Landgericht gelangten Berufungen erfolgreich, nach der Reform rund 37 % bis 38 %. Vor dem Oberlandesgericht hat mit einer deutlicheren Abnahme erfolgreicher Berufungen etwa jedes dritte landgerichtliche Urteil keinen Bestand.[15]

3. *Zur Tragweite der Reform*

Es soll freilich nicht verschwiegen werden, dass die schroffe Konfrontation zwischen den beiden Modellvorstellungen des alten Berufungsrechts mit der stufenförmigen Verfahrensfortsetzung einerseits und der bloßen Fehlerkontrolle der neuen reformierten Berufung andererseits entgegen der

---

12 *Hommerich/Prütting/Ebers/Lang/Traut*, Rechtstatsächliche Untersuchung zu den Auswirkungen der Reform des Zivilprozessrechts auf die gerichtliche Praxis, 2006, Vorwort, S. 6; ebenso in der Einschätzung *Bamberger* ZRP 2004, 137, 139; zweifelnd an der Aussagekraft der Ergebnisse der Untersuchung freilich *Eckardt*, in: Gedächtnisschrift für Konuralp, 2009, Bd. 1, S. 195, 206 ff., 210; ferner *Gottwald*, Die Reform der ZPO aus Sicht der Wissenschaft, Berichte A zum 65. Deutschen Juristentag, Bonn 2004, S. 107, 114 ff.; *ders.*, in: Festschrift für Wolfgang Krüger, 2017, S. 375, 376.

13 *Greger* ZZP 131 (2018), 317, 334.

14 *Greger* ZZP 131 (2018), 317, 331; auch *Rosenberg/Schwab/Gottwald*, Zivilprozessrecht, 18. Aufl. 2018, § 137 Rn. 1.

15 *Greger* ZZP 131 (2018), 317, 332.

Annahmen des Gesetzgebers nicht zu einer grundstürzenden Neuausrichtung des Berufungsverfahrens geführt hat. Denn auch vor der Reform von 2002 ist das Berufungsgericht trotz § 525 ZPO a.F. dem Grundsatz nach von den Feststellungen der ersten Instanz ausgegangen und hat diese über den Berufungsangriff hinaus „in der Regel nicht in Frage gestellt".[16] Unter diesem Blickwinkel bildete die Neuregelung des Berufungsrechts nur eine bereits vor 2002 bestehende Gerichtspraxis ab und sicherte sie normativ.[17] Dazu passt, dass es bis in die heutige Zeit vor dem Landgericht nur in 4 % der Berufungen, vor dem Oberlandesgericht in knapp 7 % der Berufungen, einen Beweistermin gab.[18]

III. Verwirklichung der gesetzgeberischen Zielsetzung

1. Überzeugungskraft

Wie es der Gesetzgeber in § 529 Abs. 1 Nr. 1 ZPO vorgeschrieben hat, geht das Berufungsgericht zunächst von den in der ersten Instanz getroffenen tatsächlichen Feststellungen aus. Diese hat es seiner Verhandlung und Entscheidung zugrunde zu legen. Eigene Feststellungen muss es aber treffen (Nr. 1 Halbs. 2), wenn es „Zweifel" an deren Richtigkeit oder Vollständigkeit hat. Die vom Gesetz zusätzlich verlangten „konkreten Anhaltspunkte" setzen nach der höchstrichterlichen Rechtsprechung (unten III.) aber keineswegs voraus, dass die erste Instanz die Tatsachenfeststellungen fehlerhaft getroffen hat, etwa aufgrund einer unzureichenden Beweiswürdigung. Nur werden sich bei Verfahrensfehlern häufiger Zweifel ergeben.[19] Hält man das für zutreffend, so lässt sich schon aus diesem Grunde das durch die höchstrichterliche Rechtsprechung geprägte neue Recht der Berufung

---

16 Zutreffend *Rosenberg/Schwab/Gottwald*, Zivilprozessrecht (Fn. 14), § 137 Rn. 47; *Gottwald*, in: Festschrift für Krüger, 2017, S. 375, 378; *Baumann* (Fn. 3), S. 213; *H. Roth* JZ 2006, 9, 11; *Heiderhoff* JZ 2003, 491, 492; *Schnauder* JuS 2002, 68, 73.

17 Etwa *A. Baumann* (Fn. 3), S. 203, 211; *Greger* JZ 2004, 805, 812; *Heiderhoff* JZ 2003, 490, 495; *Nassall* NJW 2012, 113, 119; *Macke* DAR 2005, 138.- *BGH* NJW 2010, 376 Rn. 8 spricht gleichwohl von einem „Funktionswechsel"; ebenso *Koch*, in: Hk-ZPO, 7. Aufl. 2017, Vor §§ 511-577, Rn. 8 („tiefgreifender Funktionswechsel"); *Wöstmann*, in: Hk-ZPO, § 529 Rn. 1 („Wesen des Berufungsverfahrens als Fehlerkontrolle").

18 Nach den Angaben bei *Rosenberg/Schwab/Gottwald*, Zivilprozessrecht (Fn. 14), § 139 Rn. 50; das entspricht dem Trend für die Zeit vor und nach Inkrafttreten der ZPO-Reform 2002, dazu die Evaluation (Fn. 12), S. 192.

19 *BGHZ* 158, 269, 272 = NJW 2004, 1876.

nicht als bloßes Instrument zur Fehlerkontrolle und Fehlerbeseitigung deuten.[20] Eine etwa abweichende Modellvorstellung des Gesetzgebers (oben I.1) wäre dann im Gesetz unzureichend umgesetzt. Dann drängt sich die Frage auf, ob die Rechtsprechung im Rahmen der methodengerechten Gesetzesinterpretation oder Gesetzesfortbildung den Normen der §§ 513, 529 ZPO eine eigene abweichende Deutung zugrunde legen darf.[21] Doch soll die Antwort darauf einstweilen noch in der Schwebe gelassen werden (unten IV). Jedenfalls wird man der Linie des *BGH* umso leichter folgen können, wenn bereits die Überzeugungskraft der Modellvorstellung des Gesetzgebers (oben I.1.) für die Rechtsmittelsystematik verneint werden kann (sogleich unten 2.).

2. *Funktionendifferenzierung*

Die durch das ZPO-RG 2002 zu verwirklichende Schleifung der früheren Berufung als einer vollwertigen zweiten Tatsacheninstanz (oben I.1.) läuft unter dem Schlagwort „Funktionendifferenzierung".[22] Irreführend ist das deshalb, weil durch die Reform die Berufung der Revision angenähert werden sollte, wie vor allem der Verweis auf § 546 ZPO in § 513 Abs. 1 Alt. 1 ZPO zeigt. Das Vorschalten einer Unterrevision durch das Berufungsgericht vor der eigentlichen Revision zum *BGH* ist aber das Gegenteil von

---

20 So aber jedenfalls die missverständliche Formulierung von *Ball*, in: *Musielak/Voit*, ZPO, 15. Aufl. 2018, § 529 Rn. 1 und von *Wulf*, in: BeckOK, ZPO, 28. Ed., 1.3.2018, § 513 ZPO Rn. 1.

21 Der Rechtsprechung wird vielfach vorgeworfen, dass sie die Vorstellungen des Gesetzgebers nicht ausreichend umgesetzt oder verwässert habe, etwa *Gerken*, in: *Wieczorek/Schütze*, ZPO, 4. Aufl. 2014, § 513 Rn. 3 (der vor der Reform bestehende Rechtszustand sei nahezu wieder eingetreten); *Lemke*, in: *Prütting/Gehrlein*, ZPO, 9. Aufl. 2017, § 513 Rn. 1; krit. wohl auch *Ball*, in: *Musielak/Voit* (Fn. 20), § 529 Rn. 1; vor allem aber *Rimmelspacher* JZ 2005, 1061; *Lechner* NJW 2004, 3593, 3599 (Aushebelung des reformierten Berufungsrechts durch den BGH und Ruf nach dem Gesetzgeber).- Dagegen sehr bedenkenswert *Hartmann*, in: *Baumbach/Lauterbach/Albers/Hartmann*, ZPO, 76. Aufl. 2018, § 513 Rn. 2 („gerade verzweifelter Versuch der Gerichte, überbordende Eindämmungsversuche des Gesetzgebers praktisch erträglich zu machen"); positiv und für die Beibehaltung der Rechtsprechungslinie auch *M. Schwab*, Zivilprozessrecht, 5. Aufl. 2016, Rn. 664; *Althammer*, Die Zukunft des Rechtsmittelsystems (Fn. 8), S. 87, 92; *H. Roth*, Wege zur Sicherung einer einheitlichen Rechtsprechung, Zivilprozessrechts-Symposium. Deregulierung des Anwaltsmarktes - Gerichtsinterne Mediation - Einheitliche Rechtsprechung, 2008, S. 79, 81.

22 Regierungsbegründung in: *Rimmelspacher* (Fn. 8), S. 115.

Funktionendifferenzierung, weil sie allenfalls die Berufungsinstanz von der Eingangsinstanz abgrenzen kann.

Nach meiner Auffassung bedarf es allein wegen des schon angedeuteten Quantitätsproblems des erstinstanzlichen Verfahrens vor den Amts- und Landgerichten (oben I. 2.) einer zweiten Tatsacheninstanz, die diesen Namen auch verdient. Im Zivilprozess kann es wegen der in erster Instanz nicht durchgängig zu sichernden erforderlichen Qualitätsstandards eine bloße - klinisch reine - Rechtsfehlerkontrolle in der Berufungsinstanz nicht geben.[23] Das liefe im Ergebnis auf zahlreiche Verletzungen der Einzelfallgerechtigkeit hinaus, die durch die vielbeschworene Stärkung der Eingangsinstanz nicht ausgeglichen werden können.

Rimmelspacher hat gegen diese Sicht der Dinge mehrfach eingewandt, dass der höheren Instanz keine Beweismittel zu Gebote stünden, die denjenigen der ersten Instanz überlegen wären.[24] Doch handelt es sich etwa auch bei einer von der ersten Instanz abweichenden Beweiswürdigung des Berufungsgerichts, die revisionsrechtlich nicht zu beanstanden ist, im Kern um eine *Wertungsfrage* und nicht um das Problem des besseren Beweismittels. Und eine von der Vorinstanz abweichende Wertung der Berufungsinstanz nach der erforderlichen Wiederholung der Beweisaufnahme zur Verwirklichung der Einzelfallgerechtigkeit kann man dem übergeordneten Gericht nicht verwehren, selbst wenn beide Instanzen als qualitativ gleichwertig angesehen werden könnten. Der Gesetzgeber sieht letzteres jedenfalls anders, weil nach § 708 Nr. 10 ZPO Berufungsurteile in vermögensrechtlichen Streitigkeiten ohne Sicherheitsleistung für vorläufig vollstreckbar zu erklären sind.

Zustimmung verdient daher im Ausgangspunkt die Rechtsprechung des *BGH* (unten III.), wonach die Berufungsinstanz nach wie vor eine zweite, wenngleich eingeschränkte, Tatsacheninstanz ist, deren Aufgabe in der Gewinnung einer „überzeugenden“ und damit „richtigen“ Entscheidung des Einzelfalls besteht.[25] Anders als das Revisionsgericht ist es nicht auf eine reine Rechtskontrolle beschränkt und hat damit keine revisionsähnlichen

---

23 *H. Roth* JZ 2006, 9, 13; mit vergleichbarer Stoßrichtung *Wächter* ZZP 119 (2006), 393 ff.; anders vor allem *Rimmelspacher* JZ 2005, 1061; *ders*. ZZP 107 (1994), 421, 449 ff., 457.

24 Etwa *Rimmelspacher*, in: Festschrift für Schlosser, 2005, S. 747, 752.

25 *BGHZ* 160, 83, 89 = NJW 2004, 2751; *BGHZ* 161, 138, 143 = NJW 2005, 291; *BGHZ* 162, 313, 316 = NJW 2005, 1583; *BGH* NJW 2016, 713 Rn. 7; NJW-RR 2017, 75 Rn. 23; 2017, 725 Rn. 20; die *BGH*-Rechtsprechung als Korrektur der gesetzgeberischen Vorstellungen verteidigend *Büttner*, in: Festschrift für Eichele, 2013, S. 61, 71.

Funktionen.[26] Wegen der unterschiedlichen Prüfungsintensität von Berufungs- und Revisionsgericht führt erst diese Sicht der Dinge zu einer Funktionendifferenzierung zwischen beiden Instanzen.

Nach dem Gesagten erweist sich die Modellvorstellung des Gesetzgebers als nicht überzeugend und damit als fragwürdige Typenwahl. Erst recht kommt dieser Vorstellung nicht die Dignität eines prozessualen Rechtsprinzips zu. Im Gegenteil handelt es sich lediglich um ein schwaches Argument.

IV. Die Rechtsprechung des BGH

1. Teilweise Fortsetzung der ersten Instanz

Ich komme zum näheren Verständnis der Strukturen der neuen Berufung, die der *BGH* in einigen wenigen Entscheidungen schon kurz nach dem Inkrafttreten der Reform ausgeformt und bis heute beibehalten hat.[27] Anders als es der Gesetzgeber in manchen Äußerungen wollte (oben I.1.), betont der *BGH* in seiner Rechtsprechung zum reformierten Berufungsrecht jedenfalls der Sache nach, dass das Rechtsmittel der Berufung, wenngleich mit Einschränkungen, das erstinstanzliche Verfahren fortsetzt.[28] Letztlich haben sich damit die mit dem Namen *Peter Gilles* verbundenen, Ende der 70er Jahre vorgestellten, Umbrüche der Rechtsmitteldogmatik in Richtung auf eine bloße Rechtskontrolle in der Rechtsprechung nicht durchsetzen können.[29]

---

26 Aus jüngerer Zeit: *BGHZ* 189, 182 Rn. 28, 30 = NJW 2011, 2796; *BGH* NJW-RR 2017, 75 Rn. 23 ff.; NJW 2018, 2269 Rn. 24; *Jauernig/Hess*, Zivilprozessrecht, 30. Aufl. 2011, § 72 Rn. 9 („zweite Tatsacheninstanz").

27 Überblick durch *H. Roth* JZ 2009, 237, 241 ff.; *ders.* JZ 2015, 554 f.

28 Dafür tritt auch nach neuem Recht ein: *Althammer*, in: *Stein/Jonas*, ZPO, 23. Aufl. 2018, § 513 Rn. 1 Fn. 5; *Schilken*, Zivilprozessrecht, 7. Aufl. 2014, Rn. 905; *Saueressig*, Das System der Rechtsmittel nach dem Zivilprozessreformgesetz, 2008, S. 312 (mit der Umgestaltung der Berufung in ein Instrument der Fehlerkontrolle sei der übergeordnete Zweck der Berufung als reformatorisches Verfahren nicht berührt).

29 *Gilles*, Rechtsmittel im Zivilprozeß, 1972, passim; *ders.* JZ 1985, 253; zu dessen Konzeption *Saueressig* (Fn. 28), S. 48 ff.

2. *Fehlerfreie Tatsachenfeststellung und Wertungsfrage*

Legt man die Berufungsinstanz in erster Linie auf die Rolle der Fehlerkontrolle und -beseitigung fest, muss man sie dem Grundsatz nach an *fehlerfreie* Tatsachenfeststellungen der Vorinstanz binden, wenn sich nicht der Prozessstoff verändert hat (oben vor I.).

a) Unterschiedliche Beweiswürdigung

Der *BGH* ist dem für die überaus wichtige Frage der *Beweiswürdigung* nicht gefolgt[30] und hat damit in der Sache einen Gedanken von *Peter Gottwald* in seinem Gutachten für den Juristentag in Karlsruhe 1996 aufgegriffen: Dort heißt es: Es gebe auch qualitativ schlechte Entscheidungen der Vorinstanz, die nicht auf Verfahrensfehlern beruhten.[31] Deshalb müsse das Berufungsgericht die Befugnis behalten, bei besonderem Anlass auch eine formell fehlerfreie Beweisaufnahme zu wiederholen und Beweise abweichend zu würdigen.

In einer Entscheidung aus dem Jahre 2005 hat der *BGH* die Aufgaben des Berufungsgerichts auf die „richtige" Entscheidung des Einzelfalles festgelegt und damit von der Revisionsinstanz abgegrenzt. Im Gegensatz zur revisionsrechtlichen Regelung in § 559 Abs. 2 ZPO genüge es für die Bindung des Berufungsgerichts nicht, dass die Tatsachenfeststellung der ersten Instanz keinen Fehler aufweise. Auch aus revisionsrechtlicher Sicht fehlerfreie Tatsachenfeststellungen können nicht bestandsfest sein, wenn sie die Einzelfallgerechtigkeit verfehlen.[32] Das bedeutet freilich nicht, dass es dem

---

30 *BGHZ* 162, 313, 316 f. = NJW 2005, 1583 unter Bezugnahme auf *BVerfG* NJW 2003, 2524 und *BVerfG* NJW 2005, 1487 (gegen deren überschießende Tendenzen wiederum *H. Roth* JZ 2005, 174, 177; *W. Lüke*, Zivilprozessrecht, 10. Aufl. 2011, S. 380); jüngst *BGH* NJW-RR 2017, 75 Rn. 23 f.; 2017, 725 Rn. 20.- Besonders deutlich formuliert der XI. Zivilsenat in *BGHZ* 161, 138, 143: „Aufgabe des Berufungsgerichts ist daher nach der Rechtsprechung des BGH in erster Linie die richtige, das heißt die sachgerechte Entscheidung des Einzelfalles".

31 *Gottwald*, Empfehlen sich im Interesse eines effektiven Rechtsschutzes Maßnahmen zur Vereinfachung, Vereinheitlichung und Beschränkung der Rechtsmittel und Rechtsbehelfe des Zivilverfahrensrechts?, in: Verhandlungen des 61. DJT 1996, A 1, A 71; zustimmend *H. Roth* JZ 1996, 805, 809.

32 *BGHZ* 162, 313, 316 f. mit krit. Anm. *Rimmelspacher* JZ 2005, 1059 = NJW 2005, 1583; *BGHZ* 158, 269, 276 = NJW 2004, 1876 (ein Angriff gegen die Beweiswürdigung stützt sich auf den Berufungsgrund des § 513 Abs. 1 Alt. 2 ZPO); *BGHZ* 208, 154; *BGH* NJW 2016, 3015 Rn. 26; 2016, 713 Rn. 7; NJW-RR 2017, 75 Rn. 23 ff.;

Berufungsgericht in jedem Fall freisteht, eine ihm zweifelhafte Beweisaufnahme zu wiederholen.[33] Diese Möglichkeit bestünde nur dann, wenn die Berufungsinstanz eine vollständige zweite Tatsacheninstanz wäre wie nach altem Recht.

Für die von § 529 Abs. 1 Nr. 1 ZPO geforderten „Zweifel" an der Richtigkeit und Vollständigkeit der Feststellungen reiche die Möglichkeit einer unterschiedlichen Wertung, wie die andere Würdigung des Ergebnisses einer erstinstanzlichen Beweisaufnahme, aus. Könne sich das Berufungsgericht nicht von der Richtigkeit der erstinstanzlichen Beweiswürdigung überzeugen, sei es zu einer erneuten Tatsachenfeststellung nicht nur berechtigt, sondern verpflichtet.[34] Liegt eine zulässige Berufung vor, bedarf es dazu noch nicht einmal einer Feststellungsrüge. Wird sie - wie meistens - vorgebracht, so gilt: „Trägt eine Partei Einwendungen gegen die erstinstanzliche Überzeugungsbildung vor, können diese in der Berufungsinstanz nicht mit der Begründung als unbeachtlich angesehen werden, die Partei trage lediglich ihre eigenen, ... abweichenden Einschätzungen vor, ohne Rechtsfehler des Erstgerichts aufzuzeigen".[35]

Anderes gilt für das Revisionsgericht aufgrund seiner in § 559 Abs. 2 ZPO angeordneten Bindung an die Tatsachenfeststellung des Berufungsgerichts. Der *BGH* überprüft die Beweiswürdigung des Berufungsgerichts nur mit Einschränkungen auf Verfahrensfehler, nämlich „ob der Tatrichter sich mit dem Prozessstoff und den Beweisergebnissen umfassend und widerspruchsfrei auseinandergesetzt hat, seine Würdigung also vollständig und rechtlich möglich ist und nicht gegen Denkgesetze und Erfahrungssätze verstößt".[36]

Wulf, in: BeckOK ZPO (Fn. 20), § 529 Rn. 9; *Heßler*, in: *Zöller*, ZPO, 32. Aufl. 2018, § 513 Rn. 1, 3; § 529 Rn. 2; *Hirtz*, in: *Eichele/Hirtz/Oberheim* (Hrsg.), Berufung im Zivilprozess, 5. Aufl. 2017, S. 218 (Rn. 52 ff.); *Gaier* NJW 2004, 2041; *H. Roth* JZ 2006, 7, 12; *Vossler* MDR 2017, 309, 313; dagegen *Rimmelspacher*, in: MünchKomm, ZPO, 5. Aufl. 2016, § 520 Rn. 60; abweichend früher auch *Ball* ZGS 2003, 49.

33 *Rosenberg/Schwab/Gottwald*, Zivilprozessrecht (Fn. 14), § 139 Rn. 50.

34 *BGHZ* 162, 313, 316 ff. = NJW 2005, 1583.

35 So für vom gerichtlichen Sachverständigen abweichende Beurteilungen: *BGH* NJW-RR 2017, 725 Rn. 21; NJW 2016, 713 Rn. 7.

36 *BGHZ* 162, 313, 320 = NJW 2005, 1583.

b) Auslegung von Individualverträgen

Die soeben beschriebene Stoßrichtung hat der *BGH* bereits im Jahre 2004 verfolgt.[37] Danach hat das Berufungsgericht die erstinstanzliche *Auslegung* einer Individualvereinbarung nach den §§ 513 Abs. 1, 546 ZPO auf der Grundlage der nach § 529 ZPO maßgeblichen Tatsachen in vollem Umfang darauf zu überprüfen, ob die Auslegung „überzeugt". An eine nur vertretbare Auslegung der ersten Instanz ist es nicht gebunden, weil es andernfalls den konkreten Einzelfall nicht richtig entscheidet. Wegen der Verschlingung von Tat- und Rechtsfrage im Akt der Auslegung werden Tatsachenfeststellung nach § 529 ZPO und Rechtsanwendung nach § 546 ZPO bei identischer Prüfungsdichte des Berufungsgerichts gleich behandelt.[38]

Trotz der Verweisung auf die revisionsrechtliche Vorschrift des § 546 ZPO in § 513 Abs. 1 ZPO unterliegt das Berufungsgericht nicht der im Revisionsrecht geltenden Beschränkung auf bloße Vertretbarkeit der Auslegung im Sinne von Verstößen gegen gesetzliche Auslegungsregeln oder gegen Denk- und Erfahrungsgesetze. Berufungs- und Revisionsinstanz haben unterschiedliche Funktionen.[39] Auch soweit es um die tatsächliche Seite geht, ist das Berufungsgericht, anders als das Revisionsgericht (§ 559 Abs. 2 ZPO), nicht schon deshalb an die Tatsachenfeststellung gebunden, weil der ersten Instanz keine Verfahrensfehler unterlaufen sind.

c) Ermessensentscheidungen

Abgerundet werden die beiden Entscheidungen durch ein Urteil des *BGH* aus dem Jahre 2006. Danach hat das Berufungsgericht die Schmerzensgeldbemessung der ersten Instanz in vollem Umfang daraufhin zu würdigen,

---

37 *BGHZ* 160, 83 ff. = NJW 2004, 2751; ebenso *BGH* NJW 2016, 3015 Rn. 23 ff.; zustimmend *Haspl*, Die Kontrolle der tatrichterlichen Auslegung von individuellen Willenserklärungen durch die Rechtsmittelinstanz, 2008, S. 305 f.; *Hartmann*, in: *Baumbach/Lauterbach/Albers/Hartmann* (Fn. 21), § 513 Rn. 1; *Ball*, in: *Musielak/Voit* (Fn. 20), § 513 Rn. 4a; *Wulf*, in: BeckOK ZPO (Fn. 20), § 529 Rn. 9; *Lemke*, in: *Prütting/Gehrlein*, ZPO (Fn. 21), § 513 Rn. 4; *Hirtz*, in: *Eichele/Hirtz/Oberheim* (Hrsg.) (Fn. 32), S. 219 ff. (Rn. 56 ff.); *Althammer*, in: *Stein/Jonas* (Fn. 28), § 513 Rn. 8; *H. Roth* JZ 2005, 174, 176.

38 *BGHZ* 160, 83, 89 = NJW 2004, 2751.

39 *BGHZ* 160, 83, 90 = NJW 2004, 2751; gegen dieses Argument *Gerken*, in: *Wieczorek/Schütze* (Fn. 21), § 513 Rn. 6; kritisch vor allem *Rimmelspacher*, in: MünchKomm, ZPO (Fn. 32), § 513 Rn. 11.

ob sie überzeugt. Es darf sich nicht damit begnügen, die Ermessensausübung der Vorinstanz auf Rechtsfehler zu überprüfen.[40] Vielmehr ist das eigene Ermessen an die Stelle der Bestimmung durch die Vorinstanz zu setzen. Auch hier wird es abgelehnt, die Prüfungskompetenz des Berufungsgerichts nach dem Vorbild der Revisionsinstanz zu beschränken. Neben § 253 Abs. 2 BGB gilt das Gesagte auch für Billigkeitsentscheidungen nach § 315 BGB und die Schadensschätzung nach § 287 ZPO.[41]

d) Unstreitiger Tatsachenvortrag

Schließlich hat der *BGH* schon im Jahre 2004 entschieden, dass in der Berufungsinstanz neuer unstreitiger Tatsachenvortrag zu berücksichtigen ist. Das soll auch dann gelten, wenn dadurch eine Beweisaufnahme erforderlich ist.[42] Im entschiedenen Fall ging es um die unstreitige Tatsache eines Verzichts des Beklagten auf die Verjährungseinrede. Kein Hindernis bildet die Präklusionsvorschrift des § 531 Abs. 2 ZPO, auch wenn keiner der dort genannten Zulassungsgründe für neues Vorbringen gegeben ist. Diese Norm erfasse nur streitiges Vorbringen.[43] Das Gericht dürfe nicht „sehenden Auges auf einer falschen, von keiner Partei vorgetragenen tatsächlichen Grundlage entscheiden“.[44]

---

40 *BGH* NJW 2006, 1589 Rn. 28 ff.; zustimmend *Reichold,* in: *Thomas/Putzo*, ZPO, 39. Aufl. 2018, § 513 Rn. 1; *Wulf,* in: BeckOK ZPO (Fn. 20), § 513 Rn. 4; *Hirtz*, in: *Eichele/Hirtz/Oberheim* (Fn. 32), S. 221 (Rn. 61 ff.); ablehnend *Hartmann,* in: *Baumbach/Lauterbach/Albers/Hartmann* (Fn. 21), § 513 Rn. 1; *Gerken,* in: *Wieczorek/Schütze* (Fn. 21), § 513 Rn. 8.

41 Nichts anderes kann gelten für die Abwägung von beiderseitigen Verursachungsbeiträgen wie bei § 254 BGB oder bei § 17 StVG: *H. Roth* JZ 2005, 174, 177; a.A. *Gerken,* in: *Wieczorek/Schütze* (Fn. 21), § 513 Rn. 9.

42 *BGHZ* 161, 138, 141 ff. = NJW 2005, 291; *BGH* NJW 2009, 2532 Rn. 15; zustimmend *Gerken,* in: *Wieczorek/Schütze* (Fn. 21), § 529 Rn. 1.- *BGH* NJW 2010, 376 Rn. 9 weist darauf hin, dass sich eine Partei ein Bestreiten nicht dadurch für das Berufungsverfahren offenhalten könne, dass sie einen Sachverhalt lediglich für die erste Instanz unstreitig stellt.

43 Ebenso *Strohn*, in: Festschrift für Wiedemann, 2002, S. 155, 162.

44 *BGHZ* 161, 138, 143 = NJW 2005, 291.- Zweifelhaft ist mir freilich *BGHZ* 177, 212 (Großer Senat für Zivilsachen) geblieben, wonach die erstmals in der Berufungsinstanz erhobene Verjährungseinrede zulässig ist, wenn die Erhebung der Einrede und die den Verjährungseintritt begründenden tatsächlichen Umstände unstreitig sind, ablehnend dazu *H. Roth* JZ 2009, 106.

e) Prüfungsstoff des Berufungsgerichts

Dem soeben dargestellten ausgreifenden Prüfungsumfang des Berufungsgerichts entspricht es, dass es auch in der Frage der Beschränkung des Prozessstoffes nicht den Fesseln unterliegt, wie sie § 559 Abs. 1 ZPO dem Revisionsgericht auferlegt.[45] Nach dieser Norm kann aus dem Berufungsurteil oder dem Sitzungsprotokoll nicht ersichtliches Parteivorbringen nur über eine Nichtberücksichtigungsrüge zum Streitstoff des *BGH* werden. Das Berufungsverfahren kennt keine vergleichbare Bestimmung. Deshalb gelangt mit einer zulässigen Berufung grundsätzlich der gesamte aus den Akten ersichtliche Prozessstoff der ersten Instanz ohne weiteres in die Berufungsinstanz.[46]

Das Berufungsgericht hat bei einer zulässigen Berufung sodann den gesamten bei ihm angefallenen Prozessstoff der ersten Instanz unter Einbeziehung des Ergebnisses einer Beweisaufnahme auf Zweifel an der Richtigkeit und Vollständigkeit der Tatsachenfeststellung zu überprüfen (§ 529 Abs. 1 Satz 1 ZPO), ohne dass eine entsprechende Berufungsrüge (§ 520 Abs. 3 Satz 2 Nr. 3 ZPO) vorliegen müsste.[47] Die damit verbundene Aktendurchforstung durch das Berufungsgericht entspricht freilich nicht den

---

45 *BGHZ* 158, 269, 277 f. = NJW 2004, 1876; a.A. und für eine entsprechende Anwendung des § 559 Abs. 1 ZPO im Berufungsverfahren: *Rimmelspacher* NJW 2002, 1897, 1901.

46 *BGHZ* 158, 269, 278 = NJW 2004, 1876; 194, 290 Rn. 25; *BGH* NJW-RR 2012, 429; zustimmend *Rosenberg/Schwab/Gottwald*, Zivilprozessrecht (Fn. 14), § 139 Rn. 44.

47 *BGHZ* 162, 313, 317 f. = NJW 2005, 1583; *BGHZ* 158, 269, 278 ff. = NJW 2004, 1876; *BGH* NJW 2014, 2797 Rn. 10; zustimmend *M. Schwab*, Zivilprozessrecht, 5. Aufl. 2016, Rn. 650 f.; *Gaier* NJW 2004, 110, 112; *ders.*, NJW 2004, 2041; kritisch dazu *Althammer*, Die Zukunft des Rechtsmittelsystems (Fn. 8), S. 87, 94.- Nicht näher behandelt wird hier die streitige Frage, welche Funktion der Tatbestand des Ausgangsurteils für schriftsätzlich angekündigtes Vorbringen hat; nach Auffassung des *BGH* kommt dem Tatbestand keine negative Beweiskraft zu, *BGHZ* 158, 269, 280 ff. = NJW 2004, 1876 (obiter dictum); *Gaier* NJW 2004, 2041, 2044; *ders.*, NJW 2004, 110. Daher bedarf es keiner Berichtigung nach § 320 ZPO. Wird in Wahrheit streitiges Parteivorbringen im Tatbestand als unstreitig dargestellt, muss dagegen Tatbestandsberichtigung nach § 320 ZPO beantragt werden: *BGH* NJW 2009, 3787 Rn. 53; *Ullenboom*, Die Bindung des Berufungsgerichts an unrichtige erstinstanzliche Tatsachenfeststellungen, ZZP 129 (2016), 235 ff. m. w. N. der Gegenauffassung; *Althammer*, in: *Stein/Jonas* (Fn. 28), § 529 Rn. 7; *Stöber* MDR 2006, 5 ff.

Vorstellungen der Regierungsbegründung, wohl aber dem Normzweck des § 529 ZPO.[48]

f) Unterschiede zur Revisionsinstanz

Die Verlustliste der revisionsrechtlichen Strukturvorschriften ist nach dem Gesagten beträchtlich. Nicht oder nicht in vollem Umfang angewendet werden vor allem § 546 ZPO im Falle der Auslegung von Individualverträgen (oben b), § 559 Abs. 2 ZPO für die Beweiswürdigung (oben a) und § 559 Abs. 1 ZPO für den Anfall des Streitstoffes der ersten Instanz (oben d).[49]

Daneben gibt es noch weitere Erleichterungen für das Berufungsgericht, damit es Einzelfallgerechtigkeit durchsetzen kann. § 529 Abs. 1 Nr. 1 ZPO fordert zwar „konkrete Anhaltspunkte" für Zweifel an der Richtigkeit oder Vollständigkeit der entscheidungserheblichen Feststellungen der Eingangsinstanz. Die Anhaltspunkte, dass „möglicherweise etwas nicht stimmt",[50] sind aber recht leicht zu erlangen, da jeder „objektivierbarer, rechtlicher oder tatsächlicher Einwand" gegen die erstinstanzlichen Feststellungen genügt. Ausgeschlossen sind lediglich „bloß subjektive Zweifel, abstrakte Erwägungen oder Vermutungen der Unrichtigkeit ohne greifbare Anhaltspunkte".[51]

Die von § 529 Abs. 1 Nr. 1 ZPO geforderten „Zweifel" an den Feststellungen stellen ebenfalls kaum Hürden für das Berufungsgericht auf, weil sie bereits dann begründet sind, wenn aus seiner Sicht eine gewisse, nicht notwendig überwiegende Wahrscheinlichkeit dafür besteht, dass im Falle

---

48 Regierungsbegründung zu § 529 ZPO in *Rimmelspacher* (Fn. 8), S. 182; gegen eine Pflicht zur Durcharbeitung der Akte: *Hartmann,* in: *Baumbach/Lauterbach/Albers/Hartmann* (Fn. 21), § 529 Rn. 5 (Verstoß gegen die Parteiherrschaft); *Rimmelspacher,* in: MünchKomm, ZPO (Fn. 32), § 529 Rn. 31; *Gehrlein,* in: Festschrift für Egon Lorenz, 2014, S. 769, 771 f.

49 Nicht anwendbar ist auch § 551 Abs. 3 Satz 1 Nr. 2b ZPO zum Inhalt der Revisionsbegründung mit dem Erfordernis der Angabe der Fundstelle in den Schriftsätzen der Vorinstanz, *BGHZ* 158, 269, 277 = NJW 2004, 1876.

50 So die zutreffende Formulierung von *Gottwald,* in: Festschrift für Krüger, 2017, S. 375, 377.

51 *BGHZ* 159, 254, 258 = NJW 2004, 2828; konkrete Anhaltspunkte werden sich natürlich häufiger aus Fehlern ergeben, die der ersten Instanz bei der Sachverhaltsfeststellung unterlaufen sind, *BGHZ* 158, 269, 272 = NJW 2004, 1876; *BGHZ* 159, 254, 258 f. = NJW 2004, 2828; *BGH* NJW 2014, 2797 Rn. 10; *Rimmelspacher* NJW 2002, 1897, 1901; *Stackmann* NJW 2003, 169, 171.

der Beweiserhebung die erstinstanzlichen Feststellungen keinen Bestand haben werden. Vernünftige Zweifel für diese hypothetische Prüfung vor der Beweisaufnahme genügen.[52]

Schließlich wird die fehlerhafte Anwendung des § 529 ZPO nicht durch das Revisionsgericht sanktioniert, wenn das Berufungsgericht seine Bindung an die Tatsachenfeststellung der ersten Instanz zu Unrecht verneint und daher Tatsachen erneut festgestellt hat.[53] Die Norm verfolgt nicht den Zweck, vor der Feststellung der materiellen Wahrheit zu schützen. Deshalb liegt, so wird formuliert, das Ausmaß der Änderungen durch das neue Berufungsrecht „weitgehend in der Hand der Berufungsgerichte".[54] Die Deutungshoheit, inwieweit die Rechtsprechung Einzelfallgerechtigkeit verwirklichen will, hat damit das Berufungsgericht. Letztlich handelt es sich im Ergebnis um eine dem Berufungsgericht zugewiesene unanfechtbare Ermessensentscheidung, ob das konkrete Berufungsverfahren wie nach der alten Rechtslage die erste Instanz fortsetzt oder sich auf die Kontrolle der ersten Instanz beschränkt. Hier liegen die Grenzen des gesetzgeberischen Willens im Prozessrecht. Im Vergleich mit der alten Rechtslage hat sich also auch unter diesem Aspekt kaum etwas geändert (oben I.3).

Neuerdings wird wegen der niedrigen Aufgreifkriterien entgegen dem Wortlaut des § 529 Abs. 1 Nr. 1 ZPO sogar bestritten, dass das Berufungsgericht überhaupt an die Feststellungen der ersten Instanz gebunden ist.[55] Dann erinnerte die Norm das Berufungsgericht lediglich an Regel und Ausnahme.

---

52 *BGHZ* 159, 254, 259 f. = NJW 2004, 2828; *BGH* BeckRS 2013, 11879 Rn. 10 (beabsichtigte Beweislastentscheidung des Berufungsgerichts); NJW 2014, 2797 Rn. 10; NJW-RR 2017, 725 Rn. 20; 2018, 651 Rn. 15; von einer „niedrigen Schwelle" spricht auch *Heßler*, in: Festschrift für Vollkommer, 2006, S. 313, 322.

53 *BGHZ* 162, 313, 319 = NJW 2005, 1583; *Reichold*, in: *Thomas/Putzo* (Fn. 40), § 529 Rn. 3; dagegen *Rimmelspacher/Fleck*, in: Festschrift für Spellenberg, 2010, S. 121.

54 *Heßler*, in: *Zöller* (Fn. 32), Vor § 511 Rn. 1; ebenso *Braun*, Lehrbuch des Zivilprozeßrechts, 2014, S. 1007.

55 Vor allem *Hirtz* NJW 2014, 1642; *ders.*, in: Festschrift für Eichele, 2013, S. 212; ihm zustimmend *Lemke*, in: *Prütting/Gehrlein* (Fn. 21), § 529 Rn. 8; *Gottwald*, in: Festschrift für Krüger, 2017, S. 375, 377.- *BGH* (VII. Zivilsenat) NJW 2010, 376 Rn. 8 betont dagegen die grundsätzliche Bindung des Berufungsgerichts an die „fehlerfrei gewonnenen Erkenntnisse der ersten Instanz".

V. Unzulässige Rechtsfortbildung?

Teile der Literatur kritisieren die soeben dargestellte Rechtsprechung des *BGH* als unzulässige oder wenigstens zweifelhafte verdeckte prozessuale Rechtsfortbildung. Der Gesetzgeber des ZPO-RG 2002 habe eine eindeutige Entscheidung für die Ausgestaltung der Berufung als Instrument der Fehlerkontrolle und Fehlerbeseitigung getroffen; diese dürfe nicht durch eine andere rechtspolitische Überzeugung der Gerichte ausgehebelt werden.[56] Wäre das zutreffend, so stünde sogar eine Rechtsfortbildung contra legem im Raum, die nach mehrfach vertretener Ansicht einen Rechtsnotstand voraussetzte,[57] der hier wohl schwerlich bejaht werden kann.

1. Gesetzesauslegung

Zunächst stellt sich die Frage, ob das hier favorisierte Ergebnis, das sich weitgehend mit der Rechtsprechung des *BGH* deckt und die Revisionsähnlichkeit der Berufung leugnet, noch als *Auslegung* des Gesetzes, insbesondere der §§ 513, 529 ZPO als Strukturnormen der Reform, gelten kann. Nur wenn das nicht der Fall ist, wäre an eine gesetzesimmanente oder an eine gesetzesübersteigende Rechtsfortbildung unter den dafür erforderlichen engeren Voraussetzungen zu denken.

a) Wortlaut

Den Ausgangspunkt der Auslegung bildet der *Gesetzeswortlaut*: Für *materielle* Mängel lässt sich nach § 513 Abs. 1 Alt. *1* ZPO die Berufung nur darauf stützen, dass die Entscheidung auf einer „Rechtsverletzung“ nach § 546 ZPO beruht. Daraus wird abgeleitet, dass der Begriff revisionsrechtlich zu deuten ist. Das könnte etwa Zweifel daran wecken, ob dem Berufungsgericht bei der Auslegung von Individualvereinbarungen eine vergleichbar volle rechtliche Würdigung wie der Ausgangsinstanz gestattet ist. Davon war hier schon die Rede (oben III 2b).[58] Der *BGH* legt die Verweisung auf § 546 ZPO ohne die sich aus dem Revisionszweck ergebenden Einschrän-

---

56 Etwa *Arnold* ZZP 126 (2013), 63, 80 f.; *Unberath* ZZP 120 (2007), 323, 324.

57 *Larenz/Canaris*, Methodenlehre der Rechtswissenschaft, 3. Aufl. 1995, S. 251.

58 So *BGHZ* 160, 83, 94 = NJW 2004, 2751; gegen die Entscheidung *Arnold* ZZP 126 (2013), 63, 68 f.

kungen der Norm aus (oben III. 2b). Anders als dem *BGH* sei der zweiten Instanz keine Leitbildfunktion übertragen. Dieses Verständnis des § 546 ZPO, wonach das Recht verletzt ist, „wenn eine Rechtsnorm nicht oder nicht richtig angewendet worden ist", ist sogar wortlautnäher als die teleologische Reduktion der Norm im Revisionsrecht.

Dagegen verweist § 513 Abs. 1 Alt. 2 ZPO wegen des Prüfungsmaßstabes für die *Tatsachenfeststellung* auf § 529 ZPO. In dessen Abs. 1 Nr. 1 ist die Bindung des Berufungsgerichts bei auf konkrete Anhaltspunkte gestützten Zweifeln an der Richtigkeit oder Vollständigkeit der erstinstanzlichen Feststellungen aufgehoben.[59] Vor allem die hier erörterte Entscheidung des *BGH* zur abweichenden Beweiswürdigung[60] (oben III 2a) lässt sich auf § 513 Abs. 1 Alt. 2 ZPO stützen. In der dort geregelten Tatsachenfeststellung ist ebensowenig von einer Rechtsverletzung die Rede wie im darauf verwiesenen § 529 Abs. 1 Nr. 1 ZPO.[61] Die Begriffe „Richtigkeit oder Vollständigkeit" der Feststellungen werden vom Gesetz nicht mit einer Rechtsverletzung in Form eines Verfahrensfehlers in Beziehung gesetzt. Der mögliche Wortsinn als Grenze der engeren Gesetzesauslegung stünde daher auch für die Tatsachenfeststellung nicht im Wege.[62]

b) Systematik

Auch die *systematische* Auslegung spricht eher für die Revisionsferne der Berufung. Die Parteien des Zivilprozesses streiten meistens um Tatfragen und die Fehlerquellen liegen häufiger in der Tatsachenfeststellung. Deshalb ist es kaum begründbar, weshalb in einem dreistufigen Gerichtsaufbau für die Entscheidung der Rechtsfrage zwei revisionsrechtlich strukturierte Instanzen erforderlich sein sollen, wogegen die praktisch ganz im Vordergrund stehende Tatsachenfeststellung nur einer Instanz, nämlich der Eingangsinstanz, anzuvertrauen ist.[63]

---

59 Dagegen beschränkt sich *Arnold* ZZP 126 (2013), 63, 68 f. in seiner Wortlautanalyse hauptsächlich auf § 513 Abs. 1 Alt. 1 ZPO.

60 *BGHZ* 162, 313 ff. = NJW 2005, 1583.

61 *Heiderhoff* JZ 2003, 490, 493.

62 Ebenso *Hirtz*, in: *Eichele/Hirtz/Oberheim* (Fn. 32), Kapitel 7, S. 209 f. (Rn. 6).

63 Mit Recht *Büttner*, Berufung und Revision, Schriften der Juristischen Studiengesellschaft Regensburg, Heft 33, 2010, S. 27; auch *Eckardt*, in: Gedächtnisschrift für Konuralp, 2009, Bd. 1, S. 195, 221.

c) Historie

Die *historische Auslegung* führt entgegen einer häufigen Annahme nicht zu einem sicheren Ausgangspunkt. Allerdings hatte der Gesetzgeber des noch jungen Gesetzes von 2002 die grundlegende Neugestaltung der Berufungsinstanz und als deren zentralen Punkt die Umgestaltung zu einem Instrument vornehmlich der „Fehlerkontrolle und -beseitigung" formuliert.[64] Dazu passt, dass der Regierungsentwurf nur für den seltenen Spezialfall von gerichtskundigen Tatsachen beim Berufungsgericht ausdrücklich davon absieht, dass die erste Instanz einen Verfahrensfehler begangen haben müsse.[65] Ausschlaggebend erscheint mir aber, dass die Formulierung der Begründung die Reaktion auf die heftige Kritik am vorangegangenen Referentenentwurf war. Nach dessen Vorstellungen konnte die Berufung nur darauf gestützt werden, dass „die Entscheidung auf einer Rechtsverletzung beruht ...". (§ 513 Abs. 1 ZPO-E). Die heutige Regelung kann man daher als Abkehr von der ursprünglichen Regelungsabsicht begreifen.[66] Die Gesetzesmaterialien weisen zwar noch eine überschießende Tendenz auf, drücken aber gerade keinen „klar erkennbaren Willen des Gesetzgebers" aus.[67]

Die Ergebnisse der Rechtsprechung des *BGH* wurden also durch bloße Auslegung des Gesetzes ohne Rückgriff auf die Voraussetzungen einer gesetzesimmanenten oder gar auf eine an den Durchbruch eines rechtsethischen Prinzips gebundene gesetzesübersteigende Rechtsfortbildung gewonnen.[68] Beachtet ist der Satz der, eine subjektive Auslegung repektierenden, Methodenlehre: „Über die erkennbare Regelungsabsicht und über die von ihm bewusst getroffenen Wertentscheidungen des historischen Gesetzgebers darf sich die Auslegung nicht hinwegsetzen..."[69]

---

64 BT-Drs. 14/4722, S. 61.

65 Regierungsbegründung in *Rimmelspacher* (Fn. 8) zu § 529 ZPO, S. 181.

66 Überzeugend *Holger Schwarz* (Fn. 2), S. 184 ff., dort zum Referentenentwurf ab S. 166 ff.

67 Anders als in *BVerfG* NJW 2018, 2542 Rn. 74 ff. (sachgrundlose Befristung bei „Zuvor-Beschäftigung").

68 Dazu *BVerfG* NJW 2018, 2542 Leitsatz 3: „Richterliche Rechtsfortbildung darf den klar erkennbaren Willen des Gesetzgebers nicht übergehen und durch ein eigenes Regelungsmodell ersetzen". - *Larenz/Canaris* (Fn. 57), S. 240 ff. zum Durchbruch eines rechtsethischen Prinzips.

69 *Larenz/Canaris* (Fn. 57), S. 139; *Säcker,* in: MünchKomm, BGB, 7. Aufl. 2015, Einl. Rn. 125; dagegen die „objektive Theorie" im Sinne des im Gesetzeswortlaut objektivierten Willen des Gesetzgebers betonend *Sprau,* in: *Palandt,* BGB, 77. Aufl. 2018, Einl. Rn. 40; jeweils m. w. N.

2. *Rechtspolitisches*

Der Umbau der Berufungsinstanz zur bloßen Kontrollinstanz stieße auch bei weiteren rechtspolitischen Aktivitäten des Gesetzgebers auf schwerwiegende Bedenken. Dadurch würde möglicherweise die Durchsetzung des zivilprozessualen Justizgewährungsanspruches[70] der Parteien als Zugang zu einer in der Verfahrensordnung eingeräumten Instanz in einer aus Sachgründen nicht zu rechtfertigenden Weise erschwert. In Zivilsachen kann übrigens wohl am ehesten darüber diskutiert werden, ob überhaupt ein Anspruch auf eine zweite Instanz besteht.[71] Auch wenn man das mit der Rechtsprechung anders sehen wollte, muss die Berufung jedenfalls zweck- und systemgerecht ausgestaltet sein. Der Gesetzgeber sollte nach dem Gesagten auch künftig von einer Annäherung der Berufungsinstanz an die Revisionsinstanz die Finger lassen.[72] Die nach wie vor hohe Zahl der begründeten Berufungen zeigt doch gerade, dass die vor der Reform geäußerten Vorbehalte gegen eine zu weit gehende Beschränkung der Berufung ihre Berechtigung hatten.[73] Es gibt keinen faktengestützten Beleg dafür, dass der Typus der Rechtskontrolle dem Typus der Berufung als Tatsacheninstanz überlegen wäre.[74]

---

70 Zu dessen Entwicklung *H. Roth*, in: *Stein/Jonas*, ZPO, 23. Aufl. 2014, Vor § 253 Rn. 120 ff.

71 Dagegen *BVerfGE* 107, 395, 401 ff. (Plenarbeschluss) = NJW 2003, 1924; *Heiderhoff* JZ 2003, 490, 496; anders *Voßkuhle*, Rechtsschutz gegen den Richter, 1993, S. 255 ff., 298 ff.; *M. Stürner*, Die Anfechtung von Zivilurteilen, 2002, S. 66 ff., 78 ff.; dem zuneigend *H. Büttner* (Fn. 63), S. 9, der aber § 529 ZPO für verfassungsrechtlich unbedenklich hält, S. 10.

72 Schon *H. Roth*, Wege zur Sicherung einer einheitlichen Rechtsprechung (Fn. 21), S. 79, 84; eine andere Sicht der Dinge bei *Schnauder* JuS 2002, 68, 69: die Revisionsähnlichkeit der Berufung mit der Beschränkung auf die Fehlerkontrolle sei rechtspolitisch gut vertretbar.

73 Durchaus vergleichbar das Fazit von *Greger* ZZP 131 (2018), 317, 334.

74 Beifallswert *Heiderhoff* JZ 2003, 490, 497.

Die Zulassungsgründe des § 543 Abs. 2 ZPO – rechtliche Bindung oder freies Annahmeverfahren?

Thomas Winter

Misst man die Zulassungsrevision an ihren Zielen, zeigt sich, dass die Revision im engeren Sinne ihren Zweck erfüllt, wohingegen die mit der ZPO-Reform 2002 neu geschaffene Nichtzulassungsbeschwerde auch gemessen an den Absichten des Gesetzgebers ein Misserfolg ist.[1] Es stellt sich daher die Frage, ob an ihre Stelle eine freie Annahme der Revision durch den BGH treten soll. Ein solches Verfahren käme der tatsächlichen Handhabung der Nichtzulassungsbeschwerde durch die Zivilsenate des Bundesgerichtshofs nahe, wäre aber ehrlicher: Anders als das geltende Recht verspricht die denkbare Alternative keinen Zulassungsanspruch. Normatives Versprechen (vgl. § 543 Abs. 2 ZPO: „Die Revision *ist* zuzulassen, wenn …“) und Rechtspraxis fielen nicht länger auseinander. Dennoch erweist sich die Überlegung als nicht tragfähig, was die gegenwärtige Praxis umso mehr mit Zweifeln belastet.

Auch *Bruno Rimmelspacher* hat bereits unmittelbar nach Umsetzung der Reform im Jahr 2002 angemerkt, es „mag bezweifelt werden“, dass ein letzten Endes im Ermessen des Bundesgerichtshofs stehender Zugang zur dritten Instanz „ein Beitrag zu der vom Reformgesetzgeber selbst postulierten Verfahrenstransparenz ist.“[2]

Diese Bedenken haben sich in der Praxis der zurückliegenden 16 Jahre als begründet erwiesen. Nach der Reform ist folglich vor der Reform. Vorzugswürdig gegenüber dem derzeitigen Rechtszustand ist eine Kombination aus Zulassungs- und Wertrevision mit einer erweiterten Befugnis des BGH zur Erledigung von Revisionsverfahren durch begründeten Beschluss.[3]

---

1 Ausf. *Winter*, NJW 2016, 922 ff.

2 *Rimmelspacher*, Zivilprozessreform 2002, S. XXVI f.

3 So auch *Nassall*, NJW 2018, 3561 (3566).

I. Der Zugang zum Bundesgerichtshof

Rechtssuchenden stehen gegen als unbegründet zurückgewiesene Berufungsentscheidungen zwei Wege zum Bundesgerichtshof offen: die Revision und die Nichtzulassungsbeschwerde.[4] Die Revision gleicht einem Spaziergang. Sie ist wertunabhängig und gewährt dem Revisionsführer eine umfassende rechtliche Überprüfung der angefochtenen Entscheidung durch das höchste Zivilgericht. Hat er mit seinem Standpunkt recht, gewinnt er. Dagegen ist die – erst ab einer Beschwer von mehr als 20.000 € eröffnete – Nichtzulassungsbeschwerde ein Hindernislauf, der in mehr als 90 % der Fälle in einer Sackgasse endet. Der Beschwerdeführer verliert selbst dann, wenn er im Recht ist, sein Begehren sich aber in der Herstellung dieser Einzelfallgerechtigkeit erschöpft. Der Bundesgerichtshof nimmt sich seiner Sache nur an, wenn – was in Zivilverfahren selten ist[5] – die in § 543 Abs. 2 ZPO generalklauselartig formulierten Allgemeinbelange hinzutreten.[6] Prüfungsmaßstab für den BGH sind dabei, anders als bei der Revision, außerdem nur die mit der Rechtsmittelbegründung erhobenen Rügen.[7] Schließlich erreicht die Beschwerde bei alternativer Begründung der angefochtenen Entscheidung ihr Zulassungsziel allein dann, wenn sämtliche Gründe zulassungsrelevant – also nicht lediglich „einfach" – rechtsfehlerhaft sind.[8]

Als Wegweiser für die dritte Instanz fungiert das Berufungsgericht, dessen Entscheidung die unterlegene Partei zur Überprüfung stellen möchte. So nimmt es nicht wunder, dass mehr als 80 % der Fälle den BGH als Nichtzulassungsbeschwerde erreichen und die zugelassene Revision die Ausnahme ist.

II. Zweck der Revision, Ziele der Reform

Die Revision verfolgt einen doppelten Zweck.[9] Sie dient zum einen dem allgemeinen Anliegen, das in der Wahrung der Rechtseinheit und der

4 Der dritte Zugang, die Rechtsbeschwerde, ist vorliegend nicht von Interesse und bleibt daher außer Betracht.

5 BGHZ 152, 182 (193).

6 Rosenberg/Schwab/Gottwald, Zivilprozessrecht, 18. Aufl., § 142 Rn 1; vgl. zur damit verbundenen Unbestimmtheit *Nassall*, NJW 2018, 3561 (3562).

7 BGHZ 152, 7.

8 BGH, NJW 2004, 72.

9 Weiterführend *Jacobs*, in Stein/Jonas, ZPO, 23 Aufl., vor § 542-566, Rn 8 ff.

Fortbildung des Rechts besteht, zum anderen dem Interesse der Parteien an der Beseitigung von Fehlurteilen.[10] Um letzteres zu erreichen, benötigt die unterlegene Partei Zugang zum Revisionsgericht. Der möglichst ungehinderte Zugang sichert aufgrund des damit verbundenen Fallaufkommens zugleich die allgemeine Wirkungsbreite des Revisionsgerichts. Zwischen beiden Zwecken besteht also eine Wechselwirkung.

Unter der Geltung des alten Revisionsrechts verwirklichte sich der Doppelzweck der Revision nur noch unvollkommen. Der Zugang zum BGH war stark eingeschränkt.[11] Von einer Revision per se ausgenommen waren die Berufungsurteile der Landgerichte, also sämtliche Prozesse, die ihren Anfang beim Amtsgericht nahmen. Gegen Berufungsentscheidungen der Oberlandesgerichte war die Revision bei einem Wert unter 60.000 DM von der Zulassung durch das Berufungsgericht abhängig, ab diesem Wert war die Revision per se statthaft. Da die Zulassung durch die Oberlandesgerichte in der Praxis nahezu keine Rolle spielte und eine Beschwerde gegen die Nichtzulassung nicht vorgesehen war, stand im Ergebnis nur in rund 5 % aller Zivilverfahren der Weg zum BGH offen.[12]

Der Gesetzgeber erkannte hierin in Ansehung beider Revisionszwecke einen Missstand. Bezogen auf den Rechtssuchenden empfand er die Wertabhängigkeit des Rechtsmittels als sozial ungerecht. In der Gesetzesbegründung zur Neufassung im Jahr 2002 heißt es, die ungünstige Entscheidung in einer kleinen Streitsache könne für den rechtssuchenden Bürger schwerer wiegen „als ein verlorener Millionenprozess für ein großes Wirtschaftsunternehmen."[13] Ebenso wird bemängelt, dass aufgrund der Zugangsschranken weite Bereiche des Rechts den Entscheidungen des Bundesgerichtshofs entzogen seien. Damit sei eine einheitliche Rechtsanwendung nicht gewährleistet.[14]

Die Lösung sah der Gesetzgeber in einer Abkehr von der Wert- hin zu einer allgemeinen Zulassungsrevision. Bei Beibehaltung des doppelten Zwecks der Revision – Einzelfallgerechtigkeit und Wahrung von Rechtseinheit und Rechtsfortbildung – sollten dem Revisionsgericht eine maximale Wirkungsbreite, die Einflussmöglichkeit auf die nachgeordneten Instanzen durch Kontrolle und reiches Anschauungsmaterial zukommen.[15]

---

10 BT-Drs. 14/4722, S. 66.

11 *Rimmelspacher*, Zivilprozessreform 2002, S. XXV f.

12 BT-Drs. 14/4722, S. 59 u. S. 66.

13 BT-Drs. 14/4722, S. 59.

14 BT-Drs. 14/4722, S. 59.

15 BT-Drs. 14/4722, S. 66 f.

Zugleich versprach sich der Gesetzgeber von der Abschaffung der Wertrevision eine Entlastung des BGH.[16]

III. Kritische Bestandsaufnahme des neuen Rechts

Die Bewertung der Reform des Revisionsrechts fällt – bestenfalls – gemischt aus.

1. Die eigentliche Revision, sprich das bei Zulassung durch das Berufungsgericht statthafte Rechtsmittel, ist ein Erfolg. Dies gilt namentlich mit Blick auf die Verfahren mit kleinem Streitwert. Die im Jahr 2017 beim Bundesgerichtshof eingehenden Revisionen hatten in 71 % der Fälle einen Wert von weniger als 20.000 €.[17] Die Berufungsgerichte sind sich also offenbar der Tatsache bewusst, dass im Falle einer Nichtzulassung der Rechtsweg zu Ende ist. Gerade Fälle, die für weite Teile der Bevölkerung von hoher Bedeutung sind, etwa im Mietrecht, erreichen den Bundesgerichtshof sehr zuverlässig. Mit der zugelassenen Revision werden die Ziele des Gesetzgebers – Herstellung von Einzelfallgerechtigkeit sowie Sicherstellung von Rechtseinheit und Rechtsfortbildung – verwirklicht.
2. Die Nichtzulassungsbeschwerde ist demgegenüber ein Misserfolg. Überspitzt lässt sich sagen, dass sie allein das Reformziel erreicht, dem BGH hinreichendes Anschauungsmaterial zu unterbreiten. Denn die Eingangszahlen beim Revisionsgericht sind trotz der statistisch geringen Erfolgsquote der Beschwerden hoch.[18] Im Jahr 2017 erreichten den Bundesgerichtshof knapp 3500 Nichtzulassungsbeschwerden. Nimmt man die Zahl der zugelassenen Revisionen von rund 650 Verfahren pro Jahr hinzu, ist die Belastung des Gerichts ebenso hoch wie vor der Reform des Zivilprozesses. Die Arbeitskraft der Richter des Bundesgerichtshofs für Verfahren, denen jedenfalls die Berufungsgerichte keine Grundsatzbedeutung beigemessen haben, wird ebenso gebunden wie zuvor.[19]

---

16 BT-Drs. 14/4722, S. 68.

17 Vgl. die Anlage bei *Limperg*, Stellungnahme zum Entwurf eines Gesetzes zur Änderung des Gesetzes betreffend die Einführung der Zivilprozessordnung (BT-Drs. 19/1686) v. 8. Mai 2018.

18 Ausführlich hierzu *Greger*, ZZP 2018, 317 (340 f.).

19 So explizit *Limperg*, Stellungnahme zum Entwurf eines Gesetzes zur Änderung des Gesetzes betreffend die Einführung der Zivilprozessordnung (BT-Drs. 19/1686) v. 8. Mai 2018; vgl. auch bereits *Tolksdorf*, FS Schlick 2015, 337 (345).

Die Misserfolgsquote der Beschwerden liegt, je nachdem ob man die Zahl der Zurückweisungsbeschlüsse an den insgesamt erledigten Verfahren oder an den tatsächlich entschiedenen Verfahren misst, bei 95 % bzw. 91 %.[20] Die Beschlüsse werden ganz überwiegend lediglich formelhaft begründet.

Die mit den Zurückweisungsbeschlüssen verbundene Wirkungsbreite des Revisionsgerichts erweist sich danach trotz der hohen Fallzahlen als minimal, nicht maximal. Obwohl der interne Aufwand des Bundesgerichtshofs für die Voten hoch ist, verbindet sich mit den Beschlüssen mangels Begründung kein Erkenntnisgewinn für die Allgemeinheit.[21] Die Urteilsquote des Bundesgerichtshofs war im Jahr 2016 so gering wie nie zuvor.[22]

Ebenso wenig verwirklicht sich die Erwartung der in zweiter Instanz zu Unrecht unterlegenen Partei nach Herstellung von Einzelfallgerechtigkeit. Da der Bundesgerichtshof die Zulassungsvoraussetzungen des § 543 Abs. 2 ZPO außerordentlich restriktiv handhabt, insbesondere allein eine unrichtige Entscheidung nicht zur Zulassung der Revision führt, findet keine Beseitigung von Fehlurteilen statt. Der mit der Verbescheidung der Nichtzulassungsbeschwerden verbundene hohe Aufwand beim Bundesgerichtshof und die damit gebundenen Ressourcen richterlicher Arbeitskraft sind verschwendet. Die fehlende Transparenz der Entscheidungen über die (Nicht-)Zulassung der Revision bringt es außerdem mit sich, dass eine Prognose über den Ausgang des Verfahrens kaum möglich ist; den Rechtsanwälten beim Bundesgerichtshof bleibt regelmäßig allein der Verweis auf die Statistik.[23]

Zugleich unterbleibt damit eine wirksame Kontrolle der Berufungsgerichte. Es ist mitnichten so, dass die angefochtenen Urteile und Beschlüsse nach § 522 Abs. 2 ZPO zu 95 % bzw. 91 % richtig sind. Belegen lässt sich dies an den wesentlich höheren Erfolgsquoten bei zugelassenen Revisionen. Die Annahme, die Qualität von Berufungsurteilen sei in den Fällen höher, in denen sich das Berufungsgericht durch Nicht-Zulassung der Revision einer Kontrolle entziehen möchte, liegt fern.

Anders als bei der zugelassenen Revision werden jedoch nicht lediglich die vom Gesetzgeber angestrebten Ziele – Wirkungsbreite, Kontrolle, Einzelfallgerechtigkeit – verfehlt, auch die Balance zwischen dem Allgemein-

20 Vgl. dazu *Nassall*, NJW 2018, 3561 (3563 f.).

21 Die Richter arbeiten „für die Tonne“, vgl. so explizit *Waclawik*, NJW 2016, 1639 (1640).

22 *Greger*, ZZP 2018, 317 (344 f.).

23 Ebenso *Waclawik*, NJW 2016, 1639 (1640).

und dem Einzelinteresse in dritter Instanz ist gestört.[24] Bereits der Gesetzgeber, insbesondere aber die restriktive Zulassungspraxis durch den Bundesgerichtshof selbst verlieren aus dem Auge, dass der Einzelne das Rechtsmittel für sich führt. Seine Motivation zum Gang nach Karlsruhe speist sich aus der Richtigkeitserwartung, die er an die Entscheidung der staatlichen Gerichte – an der Spitze der Bundesgerichtshof – hat.[25] Diese Erwartung hat das Berufungsgericht aus seiner Sicht enttäuscht. Wenn die Prozessordnung ihm hiergegen ein Rechtsmittel an die Hand gibt, wird er es nutzen. Seine Richtigkeitserwartung richtet sich anschließend an das Revisionsgericht. Diese Erwartung wird – ein weiteres Mal – enttäuscht, wenn dieses sich der Herstellung von Einzelfallgerechtigkeit entzieht.[26] Es untergräbt überdies die Autorität des Bundesgerichtshofs, wenn Einzelfallgerechtigkeit systematisch verweigert wird.[27] Dies gilt insbesondere dann, wenn das Gesetz – wie augenblicklich § 543 Abs. 2 ZPO – einen Zulassungsanspruch in Verbindung mit ausfüllungsbedürftigen Rechtsbegriffen formuliert.

IV. Die freie Annahme der Revision als Alternative?

Dieser Befund könnte zu der Überlegung führen, das Eigeninteresse des Rechtssuchenden an einer richtigen Entscheidung im Gesetzeswortlaut zurückzudrängen. Der Doppelzweck der Revision könnte zugunsten der Wahrung von Allgemeinbelangen verschoben werden. Anstatt einen Anspruch auf Zulassung zu statuieren, könnte dem Bundesgerichtshof ein freies Ermessen zum Zugriff auf die an ihn herangetragenen Fälle eingeräumt werden. Formulieren ließe sich etwa: Der Bundesgerichtshof lässt die Revision nach freiem Ermessen zu.

Eine solche Ausgestaltung hätte den Charme, dass der Rechtssuchende von vornherein wüsste, keinen Anspruch auf Zulassung zu haben. Der Bundesgerichtshof wäre überdies einem Begründungszwang für die Nichtzulassung der Revision enthoben. Eine solche Formulierung würde mithin die Erwartungen an das Gericht deutlich reduzieren. Es fragt sich allein, ob eine entsprechende Regelung verfassungsrechtlich zulässig wäre. Prima vista könnte hierfür sprechen, dass die Rechtsschutzgarantie keinen An-

---

24 So auch bereits *Hirsch*, VersR 2012, 929 (932).
25 *Jacobs*, in Stein/Jonas, ZPO, 23 Aufl., vor § 542-566, Rn 9.
26 *Waclawik*, NJW 2016, 1639 (1641).
27 Vgl. dazu kritisch auch *Roth*, JZ 2006, 9 ff.

spruch auf einen Instanzenzug gewährt.[28] Bei näherer Betrachtung ergeben sich allerdings durchgreifende Zweifel. Drei Punkte sollen im Folgenden genannt werden:

- Zunächst wäre das freie Ermessen des Revisionsgerichts dahin eingeschränkt, dass es als letztinstanzlich entscheidendes Fachgericht der Verletzung von Verfahrensgrundrechten abhelfen müsste. Rügen aus Art. 103 Abs. 1 GG (rechtliches Gehör) und aus Art. 3 Abs. 1 GG (Verstoß gegen das Willkürverbot) müssen zwingend zu einer Korrektur durch den Bundesgerichtshof führen.[29]
- Überdies bliebe der Bundesgerichtshof letztinstanzlich entscheidendes Gericht i.S. von Art. 267 AEUV. Der Zwang zur Zulassung der Revision würde folglich auch bei Eingreifen einer Vorlagepflicht an den Gerichtshof der Europäischen Union bestehen.
- Schließlich verstieße eine Revisionszulassung im freien Ermessen gegen die allgemeinen verfassungsrechtlichen Anforderungen an die Ausgestaltung von Rechtsmitteln. Wie ausgeführt ist der Gesetzgeber zwar darin frei, einen Instanzenzug zu schaffen; eröffnet er einen solchen allerdings, muss er die prozessualen Voraussetzungen für die Rechtsmittel und Rechtsbehelfe festlegen. Die Verfahrensordnung ist so auszugestalten, dass effektiver Rechtsschutz für den einzelnen Rechtssuchenden vorhersehbar besteht und Rechtssicherheit hergestellt wird.[30]

Dieser Befund steht der Schaffung eines Systems der freien Revisionsannahme einschließlich des hypothetisch erwogenen Gesetzestextes entgegen. Er belastet zugleich die derzeitige Handhabung der Nichtzulassungsbeschwerde mit erheblichen Zweifeln.[31] Die Zulassungsgründe sind im Gesetz als Generalklauseln formuliert. Sie sind nicht zuletzt aufgrund ihrer unterschiedlichen Handhabung durch die Zivilsenate des Bundesgerichtshofs auch in der Praxis unscharf.[32] Die Zulassungsquoten zeigen eine deutliche Wechselwirkung zwischen einem Erfolg der Rechtsmittel und den Eingangszahlen bei den einzelnen Senaten des Bundesgerichtshofs.[33] Die Entscheidungen über die (Nicht-)Zulassung sind intransparent, weil so-

---

28 BVerfGE 54, 277 (291); 89, 381 (390); 107, 395 (401 f.).

29 *Heßler*, in Zöller, ZPO, 32. Aufl., Vorbem. §§ 542-566, Rn 4.

30 BVerfGE 77, 275 (284); 78, 88 (99); 88, 118 (124), BVerfG, WM 2013, 15 f.

31 Vgl. dazu bereits *Rimmelspacher*, Zivilprozessreform 2002, S. XXVI f.

32 Vgl. dazu bereits *Büttner*, Beil. zu NJW 27/2004, 8 (9).

33 *Winter*, NJW 2016, 922 (923); nunmehr auch *Nassall*, NJW 2018, 3561 (3564).

wohl positive als auch negative Zulassungsbeschlüsse regelmäßig begründungslos bleiben.[34]

De facto existiert also die unzulässige Zugriffsrevision bereits,[35] die die Erwartungen der Parteien an den Bundesgerichtshof ebenso enttäuscht, wie sie Ressourcen der dort mit der Vielzahl von Fällen befassten Richter bindet. Der Befund, die Richter des Bundesgerichtshofs suchten sich die Fälle im Grunde „nach Belieben aus der Masse der Nichtzulassungsbeschwerden" aus, ist bestenfalls aus ihrer Sicht ein „Vorteil".[36] Auch der Gesetzgeber der ZPO-Reform 2002 hatte einen solchen freien Zugriff nicht vor Augen.[37]

V. Die (Rückkehr zur) Kombination aus Zulassungs- und Wertrevision

Da die – sei es faktische, sei es gesetzlich normierte – Zugriffsrevision im freien Ermessen des Bundesgerichtshofs unbefriedigend ist, stellt sich die Frage nach sonstigen Alternativen zum Status quo. Hierbei scheint es unabdingbar, dass die mit der Revision verbundene Wechselwirkung zwischen der Herstellung von Einzelfallgerechtigkeit und Rechtsfortbildung auch jenseits der Revision im engeren Sinne Geltung beansprucht. Überdies sollten die mit der Reform im Jahre 2002 verbundenen Ziele – Wirkungsbreite, Kontrolle, Einzelfallgerechtigkeit – möglichst vollständig verwirklicht werden.

Als erstes könnte man eine vollständige Abschaffung der Nichtzulassungsbeschwerde erwägen – allerdings nur, um diese Erwägung sogleich wieder zu verwerfen. Die unter der Geltung des neuen Rechts seit dem Jahr 2002 gesammelten Erfahrungen mit der Zulassungsbereitschaft der Berufungsgerichte bei Werten von unter 20.000 € lassen erwarten, dass bei einem solchen radikalen Schritt die Zahl der Zulassungen auch bei höheren Werten ansteigen würde. Die heute in der Praxis der Oberlandesgerichte häufig anzutreffende Haltung, der Bundesgerichtshof könne die Revision bei Interesse doch selbst zulassen, ließe sich nicht aufrechterhalten. Gleichwohl ist der Verzicht auf die Beschwerdemöglichkeit kein gangbarer Weg. Das Anschauungsmaterial für den Bundesgerichtshof würde auch bei erhöhter Zulassungsbereitschaft der Berufungsgerichte dramatisch sinken.

34 Vgl. zu diesem Missstand *Winter*, NJW 2016, 922 (924).
35 So bereits *Nassall*, NJW 2012, 113 (115).
36 Vgl. dazu *Waclawik*, NJW 2016, 1639 (1640).
37 BT-Drs. 14/4722, S. 104.

Auch die Wirkungsbreite des Revisionsgerichts würde deutlich vermindert; der Bundesgerichtshof könnte die noch an ihn herangetragenen Fälle zwar effizient und schnell entscheiden, wäre allerdings von einer großen Zahl an Verfahren abgeschnitten. Darunter litte auch der augenblicklich immerhin mögliche Einfluss durch Kontrolle. Der Himmel über der zweiten Instanz wäre allzu blau.

Rückt man das Ziel einer Entlastung des Revisionsgerichts in den Vordergrund, ist eine Anhebung der Wertgrenze des § 26 Nr. 8 EGZPO zu erwägen.[38] Hierbei handelt es sich um eine partielle Abschaffung der Nichtzulassungsbeschwerde, die allerdings aufgrund der zu erwartenden höheren Anzahl von Zulassungen durch die Berufungsgerichte tolerierbar erscheint. Dies gilt zumal deshalb, weil sich die Frage stellt, ob die Einbuße an (Einzelfall-)Gerechtigkeit in Ansehung der derzeitigen Zulassungsquoten von weniger als zehn Prozent wirklich ins Gewicht fällt.[39]

Ab der angehobenen Wertgrenze sollte die Nichtzulassungsbeschwerde allerdings konsequenterweise durch die Wertrevision ersetzt werden.[40] Eine solche Kombination aus Zulassungs- und Wertrevision verwirklichte die Ziele einer Fehlerkontrolle, der Wirkungsbreite und der genügenden Anschauung am besten. Fraglich bliebe allein, ob der Bundesgerichtshof die Wirkungsbreite binnen angemessener Zeit entfalten könnte. Das hängt zunächst vom Wert ab, ab welchem die Revision stets statthaft ist, mithin von den zu erwartenden Eingangszahlen. Überdies sollte sich die Mehrbelastung der Richter des Bundesgerichtshofs deshalb in Grenzen halten, weil auch derzeit erheblicher Aufwand für die Voten betreffend die Nichtzulassungsbeschwerden aufgewendet wird, die als reine Gerichtsinterna sowohl für die Erkenntnis des Einzelnen als auch der Allgemeinheit verloren sind. Der Bundesgerichtshof dürfte auch darauf hoffen, dass sich die Zahl der zeitaufwendigen Verfahrensrügen aus Art. 103 Abs. 1 GG reduzierte, träte der Rechtsfehler wieder stärker in den Mittelpunkt.[41]

Mit einer engeren Kontrolle der Berufungsgerichte verbindet sich außerdem die Hoffnung auf eine höhere Qualität der zweitinstanzlichen Urteile. Nicht verschwiegen werden soll allerdings, dass die Vergleichsbereitschaft der Parteien in den unteren Instanzen abnehmen könnte, wären sie sich des ungehinderten Zugangs zum Bundesgerichtshof sicher. Bei alle-

---

38 Hierfür *Brückner/Guhling/Menges*, DRiZ 2017, 200 ff.

39 Vgl. zur „Kosten-Nutzen-Analyse“ bei der Beschränkung von Rechtsmitteln *Rimmelspacher*, FS Schumann 2001, S. 327 (330 f.).

40 So auch *Waclawik*, NJW 2016, 1639 (1641 f.).

41 Vgl. dazu bereits *Winter*, NJW 2016, 922 (925); nunmehr auch *Nassall*, NJW 2018, 3561 (3565).

dem: Was ist von einem Rechtsfrieden durch Vergleich zu halten, der allein unter dem Druck einer als Alternative im Raum stehenden, nahezu aussichtslosen Nichtzulassungsbeschwerde zustande kommt?

Bei allen mit einer Neuordnung verbundenen Unwägbarkeiten bleibt am Ende eines: Der derzeitige Rechtszustand ist unbefriedigend(er). Der Zivilprozess einschließlich der Revision bedarf einer Reform.[42]

---

42 Ebenso *Greger*, ZZP 2018, 317 (351).

Der fragwürdige Wille des französischen Kassationshofes zur Selbstreform

Frédérique Ferrand

1. *Einleitung*

Geschichtliche Entwicklung - 1790 wurde das *Tribunal de cassation* in der Revolutionsperiode geschaffen, um die Beachtung der korrekten Anwendung der Gesetze zu sichern; damals ging es nicht darum, die Gesetze auszulegen, denn dies war dem Gesetzgeber, also dem Parlament vorbehalten (*référé législatif*). 1804 wurde das *Tribunal de cassation* in *Cour de cassation* umbenannt. Das französische Kassationsmodell des 19. Jahrhunderts galt damals als Modell für die Errichtung einiger ausländischer oberster Gerichtshöfe (wie z.B. in Italien und in den Niederlanden). Die Aufgabe des Kassationshofes bestand und besteht weiterhin darin, die Nicht-Beachtung von Rechtsnormen in einem Gerichtsurteil zu ahnden (Art. 604 Code de procédure civile, CPC).[1] Jede Rechtsverletzung soll zur Aufhebung der angefochtenen Entscheidung durch den Kassationshof führen können. Dies entspricht einem „demokratischen“ Begriff der Kassation. Demgegenüber steht der sog. „aristokratische“ Kassationsbegriff, der eine Auslese der angenommenen Kassationsbeschwerden voraussetzt.

Nun fühlt sich der französische Kassationshof aber isoliert und sieht zu, wie bei vielen der obersten Gerichtshöfe der Gefahr der Überlastung dadurch entgegengewirkt wird, dass Filtermechanismen errichtet werden. Die Auslese der „eines Kassationsverfahrens würdigen“ Sachen wird entweder vom obersten Gerichtshof selbst oder von den Berufungsgerichten oder auch von einem Sondergremium vorgenommen. Eine solche „Filterung“ besteht in Frankreich bisher nicht für die Kassationsbeschwerden in Zivil- und Strafsachen. Wird sie dringend benötigt?

1 Art. 604 CPC : « *Le pourvoi en cassation tend à faire censurer par la Cour de cassation la non-conformité du jugement qu'il attaque aux règles de droit.* ».

2. Statistik

Laut dem Bericht der *Cour de cassation* sind im Jahr 2017 30 387 neue Sachen eingegangen (8,3 % mehr als im Vorjahr, was sich durch 1 812 verbundene Kassationsbeschwerden erklären lässt). 75,3 % sind Zivilsachen, 24,7 % Strafsachen (7 497 Kassationsbeschwerden). Der Anteil der Strafsachen nimmt stetig ab (2008: 30,1 %, 2014: 28,4 %). Diese Tendenz hat sich 2018 bestätigt (nur 17 458 neue Zivilsachen und 7 283 neue Strafsachen sind eingegangen).

In Zivilsachen gingen 2017 22 890 neue Sachen ein; im selben Jahr wurden 20 268 erledigt, was weniger ist als noch 2016 (29 215). Für 100 neue Sachen wurden 93 erledigt, was einen deutlichen Rückgang im Vergleich zum Vorjahr darstellt (105,5, sog. *taux de couverture, clearance rate*).

So gesehen kann man den Eindruck gewinnen, die Aufgabe des Kassationshofs sei nicht bzw. nicht mehr zu bewältigen. Wenn man jedoch näher hinsieht, stellt man fest, dass

1. von den ca. 20 000 erledigten Zivilsachen nur ca. 14 000 zu einer Sachprüfung geführt haben, von denen 4 456 Kassationsbeschwerden (Tendenz steigend) ohne nähere Begründung zurückgewiesen wurden, wie Artikel 1014 CPC[2] es zulässt, wenn das Rechtsmittel offensichtlich unzulässig bzw. nicht geeignet ist, eine Aufhebung herbeizuführen. 6 000 Kassationsbeschwerden wurden entweder zurückgenommen, verwirkt oder als unstatthaft zurückgewiesen.
2. der Anteil der Aufhebungen in Zivilsachen steigt; er beträgt über 35 % bezogen auf alle Sachentscheidungen, was doch über die Qualität der Entscheidungen der Untergerichte nachzudenken gibt.
3. 85 % der Zivilsachen von einem Dreirichtergremium, also einem begrenzten Spruchkörper entschieden werden.[3]

---

2 Art. 1014 CPC: „*Après le dépôt des mémoires, cette formation décide qu'il n'y a pas lieu de statuer par une décision spécialement motivée lorsque le pourvoi est irrecevable ou lorsqu'il n'est manifestement pas de nature à entraîner la cassation.*
Toute formation peut aussi décider de ne pas répondre de façon spécialement motivée à un ou plusieurs moyens irrecevables ou qui ne sont manifestement pas de nature à entraîner la cassation ».

3 In Strafsachen wurden 37 % der Kassationsbeschwerden nicht zugelassen, d.h., dass der Strafsenat das Rechtsmittel ohne Begründung zurückgewiesen hat.

Tableau 1.3 - RÉPARTITION DES AFFAIRES CIVILES JUGÉES EN 2017 PAR CATÉGORIES DE DÉCISIONS (HORS RADIATIONS)

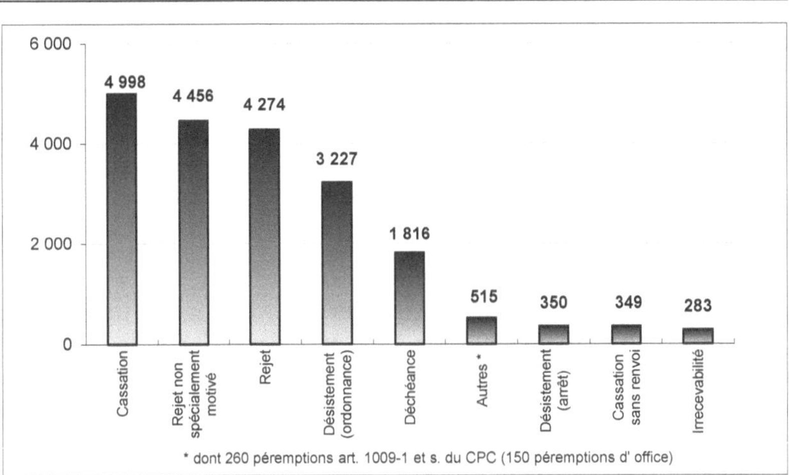

Quelle: Rapport de la Cour de cassation 2017

Auch wenn die Zahlen insb. im Vergleich zum deutschen Bundesgerichtshof (4 127 Revisionen und Nichtzulassungsbeschwerden in Zivilsachen für das Jahr 2017) sehr hoch zu sein scheinen, kann festgestellt werden, dass die Überlastung des Kassationshofs doch nicht so groß ist wie von ihm selbst behauptet, zumal der Gerichtshof über zahlreiche Richterinnen und Richter (auch jüngere, die *conseillers référendaires*, die für höchstens zehn Jahre zum Kassationshof abgeordnet werden) verfügt und meistens sehr kurze, knapp begründete Urteile verfasst. Der Kassationshof verfügt über einen Präsidenten, 7 Senatsvorsitzende Richterinnen und Richter und 217 Richterinnen und Richter.[4]

4 Er verfügt auch über einen Generalanwalt (*Procureur général*), 6 *premiers avocats généraux* und 49 Oberstaatsanwälte, s. die Webseite der *Cour de cassation:* www.courdecassation.fr/institution_1/presentation_2845/membres_cour_cassation_30991.html.

3. Selbtsreformambitionen des Kassationshofs

Dennoch hat sich die *Cour de cassation* 2014 vorgenommen, auf eine Filterreform (*réforme du filtrage*, die in Deutschland dem Zulassungsmodell entspricht) hinzuwirken, um (Zitat des Präsidenten Louvel)

> „*ihre Aufgabe als Oberstes Gericht angesichts des nationalen sowie internationalen rechtlichen und sozialen Kontextes und dessen Entwicklung im Laufe der letzten Dekaden zu überdenken*".

Deutschland, Österreich, Spanien und die Schweiz wurden als Modelle einer solchen Vorgehensweise erwähnt. So wurde Ende 2014 eine Kommission eingesetzt, die sich aus Kassationsrichtern, Mitgliedern der Staatsanwaltschaft, Anwälten beim Kassationshof und zwei Jura-Professoren zusammensetzte. Die zu behandelnden Themen waren: mögliche Entwicklungen bei der Bearbeitung der Kassationsbeschwerden, inhaltsreichere Begründung der Leitsatzurteile und Anwendung der Verhältnismäßigkeitsprüfung durch den Kassationshof, um somit Verurteilungen in Straßburg durch den EGMR vorzubeugen.

Nach über zwei Jahren wurde im März 2017 ein Zwischenbericht vorgelegt, der zahlreiche Reformvorschläge enthielt, insb. unterschiedliche rationalisierte Bearbeitungsverfahren der Kassationsbeschwerden je nach Bedeutung und Komplexität der Rechtssache: Drei Verfahrenstypen – sog. *circuits différenciés*[5] – wurden in Betracht gezogen, die sich bezüglich des Spruchkörpers, der Bearbeitungsdauer und der Reichweite der Urteilsbegründung unterschieden. Dieser erste mögliche Reformweg stand im Zwischenbericht unter dem Motto „*Réformer*"[6] (reformieren), unter dem ebenfalls die Erweiterung der Begründung besonders bedeutender Urteile stand. Das erste Verfahren (*circuit court*) wäre demnach ein kurzes, vereinfachtes Verfahren, das zu einer nicht begründeten Zurückweisung der Kassationsbeschwerde bzw. zu einer Aufhebung der angefochtenen Entscheidung in klaren Fällen führen würde. Das zweite, vertiefte und gründlichere Verfahren (*circuit approfondi*) sollte wichtigen Sachen vorbehalten werden, deren Bedeutung vom Anwalt beim Kassationshof, von der Generalanwaltschaft bzw. vom Dokumentationszentrum des Gerichtshofs[7] gemeldet worden wäre. Das dritte, normale Verfahren (*circuit ordinaire*) wäre für

---

5 S. Vorschläge Nr. 1-23.

6 Bericht Rapport de la commission de réflexion sur la réforme de la Cour de cassation, April 2017, S. 51-218. Der Bericht ist abrufbar unter : www.courdecassation.fr/IMG///Rapport sur la réforme de la Cour de cassation.pdf.

7 SDER : Service de documentation, des études et du rapport.

alle übrigen Kassationsbeschwerden benutzt worden, die weder dem ersten noch dem zweiten Verfahrensmodus zugewiesen worden wären. Dies war logisch und überzeugend. Es wurde sogar vom 2. Zivilsenat getestet, dessen Vorsitzende Richterin jedoch behauptete, das anfängliche Aussortieren der Sachen sei komplex und kein deutlicher Zeitgewinn sei festgestellt worden.[8] Diese Testphase habe sogar bei erfahrenen Richtern sowie den Beamten der Geschäftsstelle zu Arbeitsüberlastung geführt.

Neben dieser Möglichkeit enthielt der 364 Seiten umfassende Bericht, der insgesamt 69 Vorschläge unterbreitete, eine Alternative gemäß dem Motto „*Transformer*“ (umwandeln, umformen),[9] die sich mit dem „Filtern“, also der Auslese der Kassationsbeschwerden befasste. Zwei Modelle wurden in Betracht gezogen: eine „externe“ Zulassung (*filtrage externe*) der Kassationsbeschwerden durch die Berufungsgerichte mit Nichtzulassungsbeschwerde nach deutschem Modell[10] sowie eine „interne“ Zulassung (*filtrage interne*) durch den Kassationshof selbst, ohne dass die Berufungsgerichte sich dazu äußern könnten. In diesem Teil des Berichts wird die Frage der grundlegenden Reform des französischen Kassationsmodells mittels einer sog. „Regulierung“ der Zahl der Kassationsbeschwerden (*régulation des pourvois*) angesprochen, die zu einer „drastischen Verminderung der zu entscheidenden Sachen“ und einem „historischen Bruch“ (*rupture historique*) führen würde. Im Vordergrund steht hier die Frage der Aufgaben eines „*Cour judiciaire suprême*“.[11] Die sog. „normative“ Rolle des Obersten Gerichtshofes solle betont und vorrangig werden. Eine solche Entwicklung sei in den letzten Jahren in zahlreichen europäischen Ländern, die ein Filtersystem errichtet bzw. verschärft haben, festgestellt worden. Das deutsche Zulassungssystem der ZPO fanden die meisten hohen Kassationsrichter besonders reizvoll! Der Bericht schlug vor,[12] das Berufungsgericht müsse in fünf Fällen die Kassationszulassung aussprechen:

1. bei Verletzung eines Grundrechts bzw. eines Grundprinzips;
2. wenn die Rechtssache grundsätzliche Bedeutung aufweist;

---

8 S. *Frédérique Ferrand*, Des circuits différenciés au filtrage des pourvois, D. 2017.1772, Fn. 36.

9 Rapport de la commission de réflexion sur la réforme de la Cour de cassation, S. 221 ff.

10 S. Rapport de la commission de réflexion sur la réforme de la Cour de cassation, S. 271 : « *le modèle allemand adapté* ». Zahlreiche Seiten des Berichts sind dem offensichtlich sehr geschätzten deutschen Modell gewidmet.

11 Rapport de la commission de réflexion sur la réforme de la Cour de cassation, S. 221.

12 Proposition 64 des Berichts.

3. wenn es für die Rechtsfortbildung bzw.
4. die Rechtsprechungseinheit geeignet ist und
5. bei offensichtlichen Fehlern, die einer Rechtsverweigerung (*déni de justice*) gleichkommen.

Eine gewisse Ähnlichkeit mit § 543 der deutschen ZPO (gemischt mit spanischem Recht!) kann nicht geleugnet werden. Dieses Modell würde jedoch voraussetzen, dass die französischen Berufungsgerichte weniger überlastet sind als es derzeit der Fall ist.

Die Kassationszulassung könnte in einem Alternativmodell vom Kassationshof selbst direkt ausgesprochen werden, der solche Kassationsbeschwerden nicht zulassen würde, die die oben genannten Voraussetzungen nicht erfüllen.

Die Vorsitzenden Richter des Kassationshofes haben sich im Februar 2016 gegen die drei Verfahrenstypen und für ein „Filtersystem" (Zulassungssystem) ausgesprochen.[13]

Im Rahmen des Gesetzentwurfs betreffend die Justiz des XXI. Jahrhunderts unterbreitete die Regierung dem Parlament einen Änderungsvorschlag, der darauf abzielte, den Inhalt von § 543 der deutschen ZPO in das franz. Gerichtsverfassungsgesetz (*Code de l'organisation judiciaire*) fast wörtlich zu übernehmen. Das Parlament weigerte sich aber, diesem durch späten Änderungsvorschlag (*amendement*) implizierten gewaltigen Paradigmenwechsel zuzustimmen. Die Regierung nahm ihn zurück.

Im März 2018 probierte es der Kassationshof erneut. Er verfasste nämlich eine Auslese der die Kassationsbeschwerden regelnden Gesetzes- und Dekretsbestimmungen und bat die Justizministerin, diese in den Regierungsgesetzentwurf zur Planung für das Justizwesen 2018-2022 (*loi de programmation de la justice 2018-2022*) einzufügen, was diese verweigerte. Der neue Grundsatz[14] in Zivilsachen sollte nach Wunsch des Kassationshofes die Zulassungsprüfung jeder Kassationsbeschwerde werden, mit Ausnahme jedoch derjenigen Beschwerden, die vom Generalanwalt[15] beim Kassationshof erhoben werden. Nur drei Zulassungsgründe waren in diesem

13 Réunion des présidents de chambre v. 6. und 20.2.2016, Commission de réflexion sur la réforme de la Cour, Conclusions d'étape, S. 1.

14 S. Art. L. 411-2-1 E *COJ* (*Code de l'organisation judiciaire*).

15 Der Oberste Staatsanwalt beim Kassationshof (*procureur général*) *kann* eine Kassationsbeschwerde im Gesetzesinteresse (*dans l'intérêt de la loi*) aufgrund einer Gesetzesverletzung einlegen, wenn eine Gerichtsentscheidung von den Parteien nicht mit einer Kassationsbeschwerde angefochten wurde; die Aufhebung der Entscheidung entfaltet in diesem Fall keine Wirkung gegenüber den Parteien (so dass von *„cassation platonique"* die Rede ist). Der Oberste Staatsanwalt *muss* darüber hinaus

jüngsten Entwurf vorgesehen: 1° die Rechtssache hat grundsätzliche Bedeutung und ist von Interesse für die Rechtsfortbildung (was durch die zwei kumulativen Voraussetzungen doch sehr eng ist); 2° die Rechtssache ist von Bedeutung für die Rechtsprechungseinheit; 3° die Sache betrifft einen schwerwiegenden Verstoß gegen ein Grundrecht. Es lässt sich feststellen, dass diese neue Version viel restriktiver war als die vorherige im Zwischenbericht 2017. Der Kassationshof hätte innerhalb von drei Monaten über die Zulassung entscheiden müssen; andernfalls wäre die Zulassung als erteilt angesehen worden. Die Nichtzulassungsentscheidung sollte nur (formelhaft) damit begründet werden, dass kein Zulassungsgrund vorliege!

Zweiter vergeblicher Versuch der Selbstreform durch den Kassationshof... aber für wie lange? Wie lange werden sich die Regierung und der Gesetzgeber weigern, eine Justizreform mit der letzten Instanz, der Kassationsinstanz, einzuleiten? Es wäre doch stattdessen logisch, mit der ersten Instanz zu beginnen, deren Qualität und Effizienz zu steigern. Es sei hier nur kurz angemerkt, dass dem französischen Zivilprozess eine weite materielle Prozessleitung mit Hinweispflicht wie in § 139 der deutschen ZPO nicht bekannt ist. Der französische Zivilrichter ist außer in Verbrauchersachen nicht einmal verpflichtet, von Amts wegen die relevante Rechtsnorm anzuwenden, wenn keine Partei ihre Argumentation darauf gestützt hat!

Erst in einer zweiten Etappe würde dann die Berufungsinstanz, die innerhalb der letzten zehn Jahre schon zweimal Gegenstand fragwürdiger Reformen gewesen ist, erneut unter die Lupe genommen. Erst wenn die ersten Stockwerke des Bauwerkes stabil errichtet sind, könnte dann der Zugang zur Kassationsinstanz ggf. verändert und verengt werden![16] So wurde in Deutschland mit dem Zivilprozessreformgesetz v. 27. Juli 2001 verfahren: die drei Zivilinstanzen wurden leichter oder tiefer reformiert. Es ist rätselhaft, warum die französische *Cour de cassation* und die Regierung dies nicht einsehen und weiterhin darauf beharren, nur partiell

---

auf ausdrückliche Anweisung des Justizministers eine Kassationsbeschwerde einlegen, um eine Zuständigkeitsüberschreitung (*excès de pouvoir*) feststellen zu lassen und die Aufhebung der angefochtenen Entscheidung herbeizuführen. S. Art. 639-1 ff. CPC sowie Art. 17 f. Gesetz Nr. 67-523 v. 3. Juli 1967.

16 S. *Frédérique Ferrand*, Des circuits différenciés au filtrage des pourvois, D. 2017. 1777: « *Ne conviendrait-il pas de commencer à la base de la pyramide (première instance) le travail de refondation ? Tout architecte sait en effet que la stabilité d'une construction résulte de ses fondations, de ses proportions et d'un équilibre indispensable. Est-il conforme aux règles de l'art de débuter par le haut de la pyramide ? Une maîtrise du chantier dans sa globalité est primordiale, sauf à déséquilibrer encore plus notre justice déjà fragilisée* ».

durch *décret* (Verordnung) zu reformieren (das Zivilprozessrecht fällt nämlich im Wesentlichen in den Zuständigkeitsbereich der Regierung).[17] Aufgrund dessen ist ein Zivilprozessrecht entstanden, dem Kohärenz, Einheitlichkeit, Weitblick und Balance fehlen. Dies hat die Lehre schon frühzeitig bemängelt.

4. Reaktion der Lehre

Die Mehrheit der Lehre äußert sich kritisch gegenüber dem französischen Zivilprozessgesetzbuch, das eine Dauerbaustelle ohne Gesamtüberblick geworden ist. Insbesondere die vermehrten Versuche des Kassationshofes, seine Selbstreform zu fördern, waren Gegenstand heftiger Kritik. In einem im Juli 2018 in der Zeitung *Les Échos* veröffentlichten Artikel[18] haben über 80 Professorinnen und Professoren (zu denen ich gehöre) ihre Stimme gegen den Willen und die Methode des Kassationshofes erhoben. Dieser Artikel wurde ebenfalls in der juristischen Zeitschrift *Recueil Dalloz* veröffentlicht.[19] Die vom Kassationshof vorangetriebene Selbstreform würde zu einer grundlegenden Änderung der Natur seiner Aufgabe führen. Diese Aufgabe bestehe darin, die Gesetzmäßigkeit (*la légalité*) und die Gleichheit vor dem Gesetz zu garantieren; der Kassationshof möchte sich auf die „Normschöpfung" (*création normative*) konzentrieren und somit offiziell Rechtsquelle werden (was er doch schon lange ist!). Der Artikel bezweifelt die behauptete Überlastung des Gerichtshofs, der weiterhin innerhalb von ca. 400 Tagen Kassationsbeschwerden in Zivilsachen und binnen ca. 195 Tagen in Strafsachen entscheidet. Wenn nur 1 % der Prozesse mit einer Kassationsbeschwerde endeten, führten über 30 % der entschiedenen Kassationsbeschwerden (also ca. 5 000) zu einer Aufhebung der angefochtenen Entscheidung: „Was würde man von einem Arzneihersteller halten, der in seinem Unternehmen die Qualitätskontrolle mit der Begründung abschaffen würde, *nur* 30 % seiner Produkte seien fehlerhaft?" Hinter den

---

17 S. Art. 34 und 37 der franz. Verfassung v. 4. Oktober 1958: Die Gesetzgebungskompetenz ist von Verfassungs wegen nicht umfassend vorgesehen, sondern nur in bestimmten in Art. 34 der Verfassung aufgelisteten Gebieten; im Übrigen erfolgt die Rechtsetzung durch *décrets* (Verordnungen).

18 « Non à la transformation de la Cour de cassation en 'Cour suprême' », Les Échos v. 19. Juli 2018, abrufbar unter: www.lesechos.fr/idees-debats/cercle/0301965984892-non-a-la-transformation-de-la-cour-de-cassation-en-cour-supreme-2193211.php.

19 *Bernard Haftel/Lucie Mayer*, Pour un accès démocratique à la Cour de cassation, D 2018. 1653.

Zahlen steckten Rechtssuchende, deren Rechte nur durch die Einlegung einer Kassationsbeschwerde wiederhergestellt werden könnten, betonen die Verfasser des Artikels. Und die Perspektive, dass Tausende von Gerichtsentscheidungen trotz Gesetzesverletzung weiterhin Bestand hätten, werde das Vertrauen in die Rechtspflege nur noch sinken lassen. Die ersten Verlierer im Falle einer solchen Reform wären die Bürger, der zweite Verlierer wäre der Gesetzgeber und mit ihm das gesamte Volk und dessen Souveränität. Der Wille des Kassationshofes, sich in einen *Supreme Court* umzuwandeln und seine Rolle als Gesetzeshüter (*gardien de la loi*) aufzugeben bzw. zumindest zu verdrängen, um der (aus seiner Sicht) nobleren Aufgabe der richterlichen Rechtsfortbildung den Vorrang einzuräumen, erinnert an das *Ancien Régime*, als jedes Parlament (Rechtsprechungskörper) seine eigene Rechtsprechung entwickelte. Gerade entgegen dieser Praxis wurde 1790 das *Tribunal de cassation* errichtet.

5. *Und nun? Wie sieht die Zukunft aus?*

Es ist schwer vorauszusehen, was in der nahen Zukunft passieren wird. Das Justizministerium hat sich für die Einsetzung eines Ausschusses entschieden, der bezüglich einer Reform der Kassationsinstanz und insb. des Zugangs zum Kassationshof Vorschläge unterbreiten würde. Am 20. Dezember 2018 wurde offiziell mitgeteilt, dass eine sich aus acht Mitgliedern zusammensetzende Kommission (*commission de réflexion*) einberufen wurde, deren Vorsitzender ein ehemaliger Justizminister, Henri Nallet, ist. Laut der Justizministerin gehe es darum, „*die zu beachtenden Grundsätze und Modalitäten zu evaluieren, um eine ehrgeizige und geteilte Reform der Kassationsbeschwerde einzuleiten*“; jedoch sei „*die Reform nur hinnehmbar, wenn sie für den Rechtssuchenden gemacht werde*“.[20] Die Kommission setzt sich aus dem Vorsitzenden Richter des SDRE (*Service de documentation, des études et du rapport*) des Kassationshofs, dem Präsidenten des Berufungsgerichts Pau, der Präsidentin des Berufungsgerichts Angers, der Vorsitzenden der Nationalen Konferenz der Präsidenten der *Tribunaux de grande instance* (Landgerichte), einer ehemaligen Vorsitzenden der Rechtsanwaltskammer für die Anwälte beim Kassationshof, einem Mitglied der Staatsanwaltschaft

---

20 S. Dalloz actualité, « Filtrage des pourvois : la Chancellerie installe une 'commission de réflexion' », 14.2.2019, abrufbar unter : www.dalloz-actualite.fr/flash/filtrage-des-pourvois-chancellerie-installe-une-commission-de-reflexion#.XGUhtnciEaY.

bei dem Kassationshof, einer im Sozialrecht spezialisierten Rechtsanwältin und einem Universitätsprofessor zusammen. Das Thema ist sehr heikel und hoch sensibel.

Es ist zu befürchten, dass die ernst zu nehmenden Warnungen der Lehre und der Anwälte beim Kassationshof nicht gehört werden. Es ist auch zu befürchten, dass wieder einmal ohne Methode und Logik reformiert wird. Langsam gewinnt der Rechtssuchende den Eindruck, dass er in den Justizpalästen der Republik nicht willkommen ist und dass er seine Streitigkeit doch bitte woanders austragen möge, am besten im Rahmen einer außergerichtlichen Mediation bzw. Schlichtung, und wenn möglich online! Wenig erfreuliche Perspektiven für die Justiz in unserer postmodernen Welt!

Anhang

Quelle: Rapport Cour de cassation 2017
www.courdecassation.fr/publications_26/rapport_annuel_36/rapport_2017_8791/

1. *Die Strafsachen vor dem Kassationshof (Anzahl der Kassationsbeschwerden und durchschnittliche Verfahrensdauer 2008-2017)*

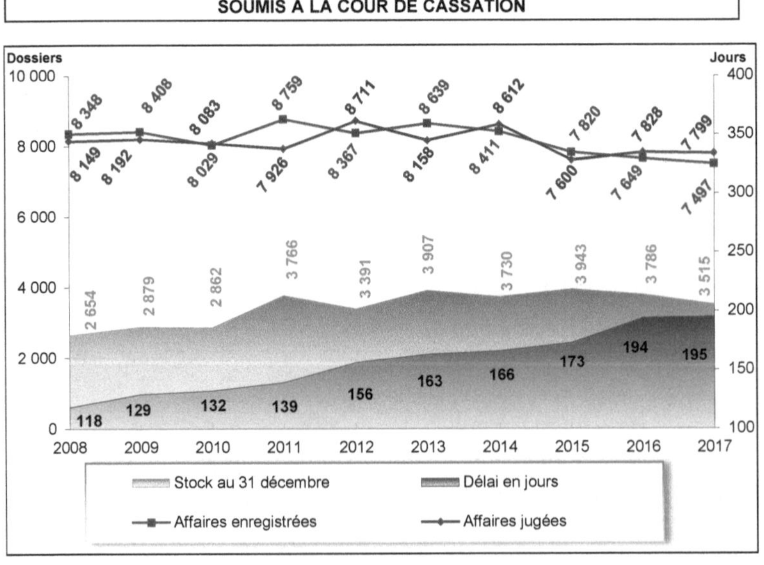

2. Die Zivilsachen vor dem Kassationshof (Anzahl der Kassationsbeschwerden und durchschnittliche Verfahrensdauer 2008-2017)

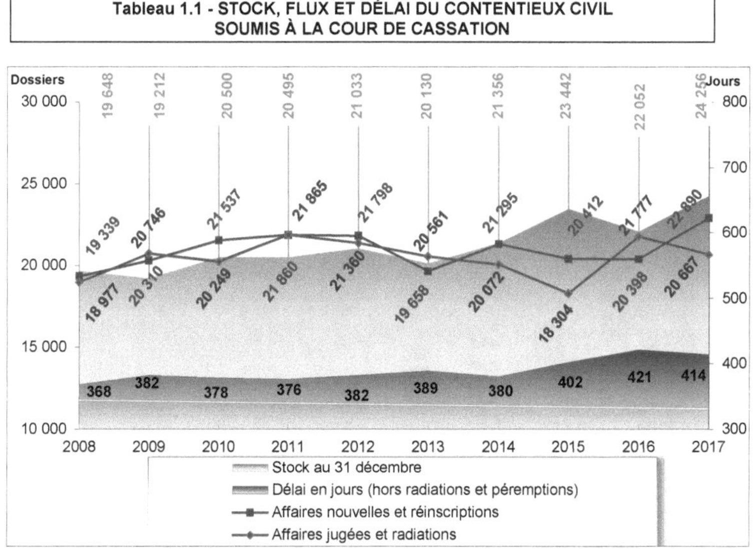

3. Entscheidungstypen in Zivilsachen (Aufhebung mit bzw. ohne Zurückverweisung, Zurückweisung, Zurückweisung ohne spezielle Begründung)

Tableau 1.4 - RÉPARTITION DES DÉCISIONS 2017 DES CHAMBRES CIVILES (hors désistements, irrecevabilité, rectifications et autres)

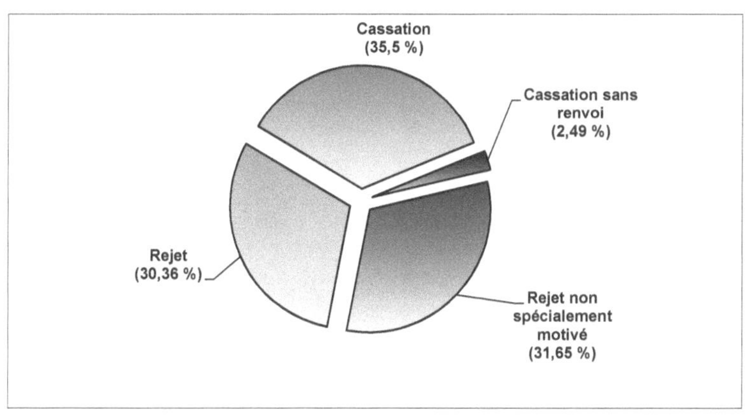

4. *Entscheidungstypen in Strafsachen (Aufhebung mit bzw. ohne Zurückverweisung, Zurückweisung, Nichtannahme der Kassationsbeschwerde)*

Tableau 1.5 - RÉPARTITION DES AFFAIRES PÉNALES JUGÉES EN 2017 PAR CATÉGORIES DE DÉCISIONS

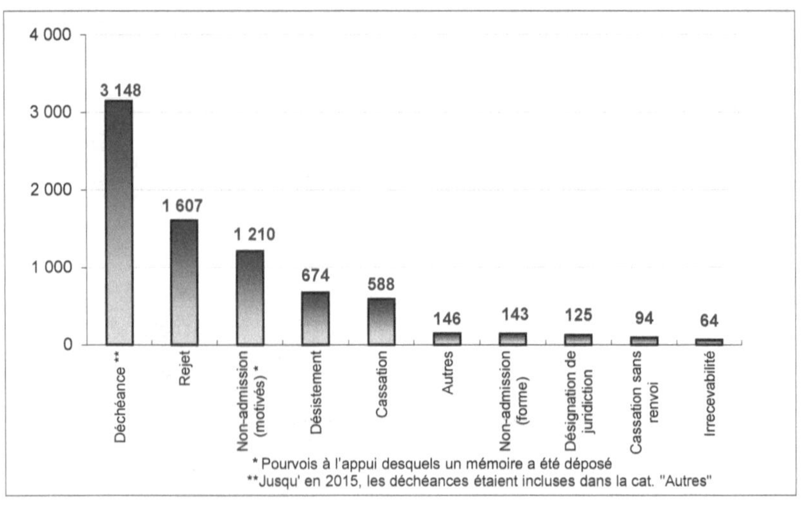

Tableau 1.6 - RÉPARTITION DES DÉCISIONS 2017 DE LA CHAMBRE CRIMINELLE (hors désistements, irrecevabilité, désignations juridiction, rectifications, déchéances et autres)

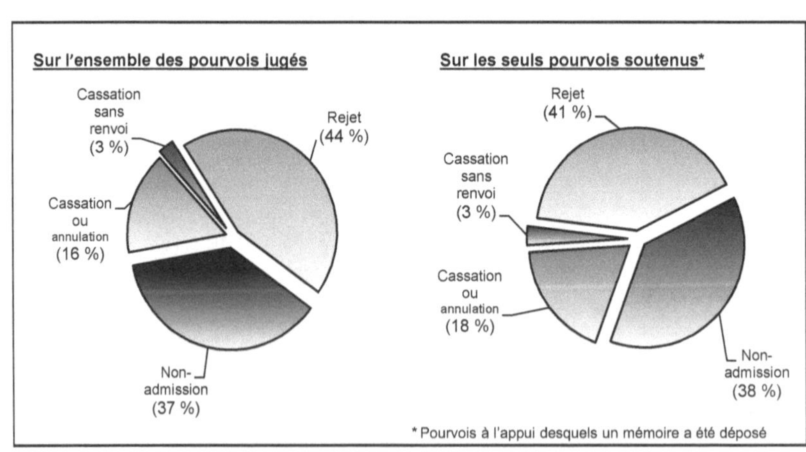

5. *Zivil- und Strafsenate des Kassationshofes – Anzahl der Kassationsbeschwerden 2008-2017 und entscheidendes Gremium*

Tableau 1.7- RÉPARTITION PAR FORMATIONS (plénières incluses) DES AFFAIRES TERMINÉES PAR UN ARRÊT - CHAMBRES CIVILES

Année	Total affaires chambres civiles	Formation de section		Formation restreinte hors rejet non spécialement motivé		Formation restreinte rejet non spécialement motivé	
2008	12 986	2 220	17 %	6 853	53 %	3 913	30 %
2009	13 985	1 795	13 %	8 231	59 %	3 959	28 %
2010	13 796	1 827	13 %	8 251	60 %	3 718	27 %
2011	15 778	1 774	11 %	9 658	61 %	4 346	28 %
2012	15 351	2 210	15 %	9 429	61 %	3 712	24 %
2013	15 303	1 926	13 %	10 129	66 %	3 248	21 %
2014	14 880	2 037	14 %	8 985	60 %	3 858	26 %
2015	13 522	2 210	16 %	8 140	60 %	3 172	24 %
2016	16 366	3 874	24 %	8 424	51 %	4 068	25 %
2017	14 916	2 189	15 %	8 347	56 %	4 380	29 %

Tableau 1.8 - RÉPARTITION PAR FORMATIONS DES ARRÊTS - CHAMBRE CRIMINELLE

Année	Total arrêts chambre criminelle	Formation de section		Formation restreinte hors non-admission		Formation restreinte d' admissibilité		Formations mixtes et plénières	
2008	7 220	220	3 %	2 682	37 %	4 315	60 %	3	0 %
2009	7 208	193	3 %	2 856	40 %	4 151	57 %	8	0 %
2010	7 287	148	2 %	2 872	39%	4 244	58 %	23	1 %
2011	7 122	166	2 %	3 073	43 %	3 878	55 %	5	0 %
2012	7 679	109	1 %	2 815	37 %	4 754	62 %	1	0 %
2013	6 922	225	3 %	2 631	38 %	4 066	59 %	0	0 %
2014	7 657	215	3 %	2 648	35 %	4 789	62 %	5	0 %
2015	6 538	342	5 %	2 479	38 %	3 715	57 %	2	0 %
2016	5 887	358	6 %	2 397	41 %	3 132	53 %	1	0 %
2017	3 500	361	10 %	2 137	61 %	1 000	29 %	2	0 %

6. *Streichung der Kassationsbeschwerden aufgrund von Art. 1009-1*[21] *ff. Code de procédure civile (2008-2017)*

Tableau 1.9 - PROCÉDURE DE RADIATION (art. 1009-1 et s. du CPC) - REQUÊTES

Année	Objet de la demande						Total
	Radiation		Réinscription après radiation		Péremption		
2008	1 215	55 %	224	10 %	776	35 %	2 215
2009	1 237	48 %	176	7 %	1184	46 %	2 597
2010	1 125	49 %	205	9 %	968	42 %	2 298
2011	1 080	53 %	229	11 %	723	36 %	2 032
2012	1 123	67 %	213	13 %	335	20 %	1 671
2013	1 240	76 %	190	12 %	207	13 %	1 637
2014	1 245	74 %	236	14 %	207	12 %	1 688
2015	1 166	73 %	233	15 %	193	12 %	1 592
2016	1 202	67 %	380	21 %	223	12 %	1 805
2017	1 128	71 %	208	13 %	259	16 %	1 595

21 Art. 1009-1 CPC : « *Hors les matières où le pourvoi empêche l'exécution de la décision attaquée, le premier président ou son délégué décide, à la demande du défendeur et après avoir recueilli l'avis du procureur général et les observations des parties, la radiation d'une affaire lorsque le demandeur ne justifie pas avoir exécuté la décision frappée de pourvoi, à moins qu'il ne lui apparaisse que l'exécution serait de nature à entraîner des conséquences manifestement excessives ou que le demandeur est dans l'impossibilité d'exécuter la décision. La demande du défendeur doit, à peine d'irrecevabilité prononcée d'office, être présentée avant l'expiration des délais prescrits aux articles 982 et 991. La demande de radiation interrompt les délais impartis au défendeur par les articles 982, 991 et 1010. La décision de radiation n'emporte pas suspension des délais impartis au demandeur au pourvoi par les articles 978 et 989. Elle interdit l'examen des pourvois principaux et incidents* ». Der Präsident des Kassationshofes kann auf Antrag des Revisionsbeklagten die Kassationssache vom Register streichen, wenn der Revisionskläger die angefochtene Entscheidung nicht vollstreckt hat, es sei denn, die Vollstreckung könnte offensichtlich übermäßige Folgen mit sich bringen bzw. der Revisionskläger ist nicht in der Lage, die Entscheidung zu vollstrecken. Laut der EMRK muss der Präsident bei der Anwendung dieser Bestimmung eine Verhältnismäßigkeitskontrolle ausüben.

Tableau 1.10 - PROCÉDURE DE RADIATION (art. 1009-1 et s. du CPC) - DÉCISIONS

Année	**Péremption** *dont péremption d'office*			**Rejet**		**Radiation**		**Réinscription après radiation**		**Désistement**		**Autres** (irrecevabilité, requêtes sans objet)		**Total**
2008	380		**11 %**	478	**38 %**	334	**22 %**	199	**16 %**	89	**7 %**	120	**6 %**	**1 600**
2009	1502	1301	**24 %**	589	**30 %**	392	**21 %**	149	**12 %**	121	**6 %**	346	**7 %**	**3 099**
2010	974	*850*	**48 %**	565	**19 %**	421	**13 %**	171	**5 %**	150	**4 %**	119	**11 %**	**2 400**
2011	772	*675*	**41 %**	491	**24 %**	420	**17 %**	189	**7 %**	123	**6 %**	103	**5 %**	**2 098**
2012	340	*283*	**37 %**	460	**23 %**	383	**20 %**	171	**9 %**	117	**6 %**	80	**5 %**	**1 551**
2013	176	*97*	**22 %**	561	**30 %**	428	**25 %**	170	**11 %**	139	**7 %**	126	**5 %**	**1 600**
2014	172	*93*	**11 %**	603	**35 %**	436	**27 %**	155	**10 %**	152	**9 %**	126	**8 %**	**1 644**
2015	143	*73*	**10 %**	586	**37 %**	379	**27 %**	172	**9 %**	144	**9 %**	64	**8 %**	**1 488**
2016	290	*90*	**10 %**	589	**39 %**	392	**25 %**	201	**12 %**	160	**10 %**	137	**4 %**	**1 769**
2017	260	*150*	**15 %**	664	**37 %**	399	**22 %**	229	**13 %**	154	**9 %**	78	**4 %**	**1 784**

Autorenverzeichnis

Frédérique Ferrand
Prof., Dr. iur., Université Jean Moulin Lyon 3 und Universität Augsburg

Herbert Roth
em. Prof., Dr. iur., Dr. iur. h.c. (Nationale und Kapodistrias-Universität Athen), Universität Regensburg

Ulrich Spellenberg
em. Prof., Dr. iur., Dr. iur. h.c. (Université Montesquieu Bordeaux IV), Universität Bayreuth

Thomas Winter
Dr. iur., Rechtsanwalt bei dem Bundesgerichtshof, Karlsruhe

Zeitfracht Medien GmbH
Ferdinand-Jühlke-Straße 7
99095 Erfurt, Deutschland
produktsicherheit@kolibri360.de